Anke van Beekhuis

Wer sich selbst findet, darf's behalten!

Anke van Beekhuis

WER SICH SELBST FINDET, DARF'S BEHALTEN!

Wie Sie erreichen, was Ihnen im Leben richtig wichtig ist!

GOLDEGG VERLAG

Bildrechte Autorenfoto: Julia Stix
Bildrechte Umschlag: Goldegg Verlag GmbH

Der Goldegg Verlag achtet bei seinen Büchern und Magazinen auf nachhaltiges Produzieren. Goldegg Bücher sind umweltfreundlich produziert und orientieren sich in Materialien, Herstellungsorten, Arbeitsbedingungen und Produktionsformen an den Bedürfnissen von Gesellschaft und Umwelt.

FSC
www.fsc.org
MIX
Papier aus verantwortungsvollen Quellen
FSC® C083411

ISBN Print: 978-3-903090-64-4
ISBN E-Book: 978-3-903090-65-1

Friedrichstraße 191 • D-10117 Berlin
Telefon: +49 800 505 43 76-0

Goldegg Verlag GmbH, Österreich
Mommsengasse 4/2 • A-1040 Wien
Telefon: +43 1 505 43 76-0

E-Mail: office@goldegg-verlag.com
www.goldegg-verlag.com

Layout, Satz und Herstellung: Goldegg Verlag GmbH, Wien
Druck und Bindung: CPI books GmbH, Leck

Dieses Buch widme ich meiner Tochter Nele, die mir jeden Tag zeigt, wie wichtig jeder Moment ist. So kostbar ist unsere gemeinsame Zeit hier auf Erden. Ich will gemeinsam mit dir jeden Wunsch erleben, weil es mein Leben wertvoller macht.

Inhaltsverzeichnis

Vorwort
Unsere inneren Wünsche – Eine Spurensuche

»Was wünschst du dir?« – Kaum eine andere Frage hat so viel Gewicht und Bedeutung für jeden von uns. Auch für mich sind Wünsche beruflich und privat die große Antriebsfeder. Wünsche geben Raum, Orientierung und machen uns letztlich erfolgreich.

Erfolg hat viele Gesichter und viele Väter. Und trotzdem bleibt sein Ursprung oft verborgen. Menschen, die es »geschafft haben«, glänzen zumeist durch ihre jüngsten Errungenschaften und das, was sie konsequent aufbauen, entwickeln und fortführen. Was jedoch genau der Gedanke, die Sehnsucht oder der Seelenfunke war, um den Zustand »Erfolg« aktiv anzustreben, spielt meistens keine große Rolle mehr. Dabei ist jedem klar, dass es diesen einen wichtigen Impuls gibt, der alles ins Rollen bringt – in vielen Fällen ist es ein Herzenswunsch, den man tief in sich trägt und der die Motivation, etwas Bestimmtes zu erreichen, befeuert.

Mich haben seit jeher diese ersten Schritte auf dem Weg zur Wunscherfüllung interessiert. Wenn ich spannende Menschen kennenlerne, brenne ich darauf, ihnen diese eine Frage zu stellen: »Leben Sie Ihren Wunsch?«

Als Antwort erhalte ich meistens eine (weiter-)erzählenswerte Geschichte. Diese Geschichten zeigen mir einen von unendlich vielen Zugängen in jene Bereiche, die mit Träumen und Sehnsüchten erfüllt sind. Ein Taxifahrer antwortet mir zum Beispiel: »Ja, ich lebe meine Wünsche, sonst wäre ich nicht mehr hier. Ich musste aus meiner Heimat flüchten. Dort war ich Arzt. Hier habe ich mir eine neue Existenz aufgebaut. Genau das zu erreichen, war mein Wunsch, als ich die Flucht antrat.«

Eine Ärztin erzählte mir, dass sie während ihrer Zeit als Krankenschwester den Wunsch in sich spürte, intensiver mit

Patienten arbeiten zu können – als Ärztin. Sie nahm das Studium in Angriff und promovierte innerhalb der Mindeststudiendauer.

Egal, wem ich diese Frage stelle: In vielen Fällen geht der Befragte seit vielen Jahren zum ersten Mal gedanklich zurück und sucht das Feuer, das damals ihn ihm gebrannt hat. Und er erinnert sich an den Funken, der ihm den Mut gegeben hat, dieses Feuer zu entfachen und seine inneren Wünsche zu formulieren und zu realisieren.

Dieses Feuer einzufangen und als Fackel weiterzugeben, war die Grundidee hinter diesem Buch. Wie »entzündet« man sich selbst und wie hält man sich selbst am »Brennen«? Im Gegensatz zu meinen zufälligen Begegnungen mit Menschen wollte ich für dieses Buch nichts dem Zufall überlassen. Ich habe Persönlichkeiten um Gespräche gebeten, die auf ihrem Gebiet Herausragendes zustande gebracht haben – also in den Augen anderer »Erfolg gehabt« haben. Was ich zu hören bekam, war eine Vielzahl bewegter Erlebnisse: Geschichten vom Scheitern und vom »Gescheitern«.

Dass Wünsche nicht über Nacht erfüllt werden, ist jedem bekannt. Und dennoch führt der Weg ans Licht nicht selten durch die Dunkelheit. »Von nichts kommt nichts« ist eine der tiefen Wahrheiten, die sich auch in den Gesprächen immer wieder bestätigt haben. Es waren weit über 100 Gespräche in meinem Leben und Interviews zu dem Thema Erfolg. 15 InterviewpartnerInnen werden mit Namen erwähnt, weil sie auch zusätzlich, nur für dieses Buch interviewt wurden.

Es war mir wichtig, die vielschichtigen Erkenntnisse so zu verpacken, dass sie, unabhängig von Lebensläufen, Karrieren und Namen, möglichst gut der eigenen Entwicklung dienen. Aus diesem Grund habe ich mich auf die Essenz aus diesen Gesprächen konzentriert und sie in Geschichten, Situationen und Erfahrungen eingebettet.

Um Ihnen mein Wissen aus zehn Jahren Beratung und 20 Jahren Wunschfragen in möglichst angenehmer Form zugänglich zu machen, stehen Ihnen in diesem Buch zwei Hauptfiguren zur Seite. Beide basieren nicht auf einzelnen realen Personen, sondern auf vielen Menschen, die ich im Laufe dieser Jahre getroffen habe.

Nützen Sie den Blickwinkel dieser beiden Menschen, um Ihren eigenen Zugang zu Ihren Wünschen aus einer anderen Perspektive zu erleben. Viele Situationen werden Ihnen vielleicht bekannt vorkommen. Wir alle stehen ab und zu an. Der Weg zur Wunscherfüllung ist kein gerader, gepflasterter Pfad ins Glück. Zwar sind wir in Europa lange Zeit von Krieg, Hunger und Hoffnungslosigkeit verschont geblieben, aber wir leben in einer Welt, die uns vorgaukelt, perfekt sein zu müssen. Das erzeugt viele innere Kriege in den Köpfen und Herzen.

Mein Wunsch ist es, Ihnen mit diesem Buch Schritt für Schritt aufzuzeigen, wie Sie ganz Sie selbst sein und Ihre Wünsche leben können. Denn darum geht es ja eigentlich im Leben. Die Generation 40+ kennt das seit ihrer Kindheit: Eine unserer ersten Identifikationsfiguren war das kleine »Ich bin ich«. So viel hat sich seit damals nicht verändert.

Ich hoffe, meine Suche nach den Wurzeln der Wunscherfüllung und der Erfolgserreichung bereichert Sie und beflügelt Ihre Visionen und Wünsche.

Anke van Beekhuis

Umwerfendes am Stehtisch

Alle Zeichen standen auf Veränderung. Es war die Ruhe vor dem Sturm.

Seit Wochen bewegte ich mich durch den Alltag, als hätte ich eine tonnenschwere Last auf meinen Schultern. Bei Gesprächen mit Freunden saß ich zwar am Tisch, aber gedanklich befand ich mich an einem völlig anderen Ort. Es war, als trüge mein Geist eine Gleitsichtbrille, die mich mein bisheriges Leben und eine unbestimmte Zukunft gleichzeitig sehen ließ – je nachdem, welchen Blickwinkel ich einnahm. Ich war ein 35-jähriger gut aussehender, beruflich erfolgreicher, zufriedener Mann, der – wie man so schön sagte – mit beiden Beinen im Leben stand. Aber manchmal hatte ich das Gefühl, dass ich keine Ahnung hatte, was »Erfolg« oder »Zufriedenheit« eigentlich bedeuteten.

Ich war es, der eine Veränderung wollte. Ich spürte immer öfter den Wunsch in mir, dass mein Leben anders werden musste. Doch, was das genau bedeutete, war, mir nicht klar. Ging es um meinen Beruf, meine Beziehung, meine Wohnung, meine Freunde oder mein Leben als Gesamtes? Ich wusste es einfach nicht. Ich fühlte mich leer und nicht mehr als Herr der Lage. Alles, was ich wollte, war diese unheimliche Leere mit Leben, Leichtigkeit, Gefühlen und Emotionen zu füllen. Einmal noch jene Unbeschwertheit und spielerische Leichtigkeit spüren, die als Kind allgegenwärtig war! Diese Sehnsucht brannte in mir. Ich hatte mich in einem Leben verloren, das ich selbst nicht mehr steuern konnte. Meine Tätigkeit im mittleren Management bescherte mir ein überdurchschnittliches Einkommen. Ich hatte ein paar Hobbys, eine Partnerin und lustige – aber auch oberflächliche – Freunde, die meistens nicht nachfragten, wie es einem wirklich geht. Doch das war eben »Part of the Game«. Man hatte gut drauf zu sein. Scheitern war unerwünscht. Wer nicht unbeschwert war, sollte die Gruppe meiden. Traurigkeit oder auch tiefer gehende Gespräche über Sinnhaftigkeit manch einer Lebenssituation waren einfach nicht gefragt. Stattdessen ging es hauptsächlich um Macht, Geld und das, was einem (scheinbar) gehörte. Und natürlich ging es auch um Regeln. Es gab ungeschriebene Gesetze, die offensichtlich für alle galten: Die gut aussehende Freundin ist über kurz oder lang zu ehelichen. Der Verdienst hat ebenso stetig zu wachsen wie das Auto. Schöne Reisen. Gute Anzüge. Ich wusste, was sich gehört, und gehörte dadurch dazu zum sozialen Spiel. Doch nun merkte ich, wie der Wunsch nach Veränderung in mir aufkeimte. Und ich stellte mir Fragen, wie »Was will ich?« oder »Was tue ich?«.

In meinem Leben standen demnächst mein Geburtstag und viele andere Weichenstellungen bevor. Sollte ich heiraten? Wollte ich das überhaupt mit diesem Menschen? Sollte ich Vater werden? Ging es beruflich weiterhin nach oben, oder sollte ich lieber weiter dort brillieren, wo ich momentan zu brillieren in der Lage war? Und überhaupt: Hatte es immer nur weiter nach oben zu gehen, oder waren Alternativen möglich? Und, wenn ja: Wie sahen diese aus?

Waren im Leben klare Entscheidungen nötig, oder sollte ich mich einfach mit dem Wind des Alltags treiben lassen? Für andere waren die eigenen Wegkreuzungen nie ein Problem: »Ist doch völlig klar, was zu tun ist«, hatte ein Freund vor Kurzem gemeint. »Überleg nicht lange. Heirate deine Freundin, kauf dir ein Haus und werde erfolgreich. Das ist das Leben. Dafür leben wir.« Doch seit diesem Gespräch drehte ich mich gedanklich im Kreis. Wollte ich das alles? War das mein Wunsch an das Leben? War es wirklich so, dass einen die Lebensumstände vor sich her trieben wie ein Blatt im Wind? *Oder hatte ich komplett verlernt, mich und meine Bedürfnisse zu erkennen und einen völlig eigenen Kurs im Lebenswind zu segeln?*

Ich hatte mich in gesellschaftlichen Normen und Erwartungen anderer verloren und es oft verabsäumt, eigene Entscheidungen zu treffen, die mit meinen Wünschen im Einklang standen. Meine aktuelle Partnerin hatten mir zum Beispiel Freunde vorgestellt. Sie war perfekt. Hübsch und klug, aber auch oberflächlich. Letzteres hatte mich zunächst eigentlich davon abgehalten, mich noch einmal mit ihr zu treffen. Doch meine Freunde meinten, ich solle nicht so kleinlich sein und erkennen, was für ein Volltreffer sie wäre. Mein Gefühl hat eindeutig Nein gesagt, aber die Einflüsse von außen waren zu groß und ich wollte mich nicht dagegenstellen.

Auch meine Berufswahl war nicht meine Entscheidung gewesen. Es war die Vision meiner Eltern. Ich hatte mir damals nicht wirklich überlegt, ob das auch mein Wunsch war. Letztlich habe ich mich gefügt. Es würde schon passen.

Selbst meine Wohnung war eine von außen beeinflusste Entscheidung. Ein Kollege lag mir in den Ohren, dass ich in einem bestimmten Stadtviertel wohnen sollte, wenn ich weiterkommen wollte. Ich lebte damals noch in einer Studentenwohngemeinschaft und konnte mir nicht vorstellen, wie ich mir das leisten sollte. Doch auch darauf hatte der Kollege eine Antwort: Schon bald würde ich ja dann das nötige Geld verdienen, um mir das leisten zu können. Ich überlegte nicht lange, denn irgendwie klang es ja plausibel.

Und nun fühlte es sich so an, als wäre ich trotz aller gut gemeinten Hilfsimpulse rettungslos vom Kurs abgekommen. In meinem Inneren warteten noch so viele Ziele, Sehnsüchte und Zustände, die erreicht werden wollten. Demgegenüber standen so viele gesellschaftliche Normen, die mich davon abhielten, selbst zu überlegen und frei zu entscheiden. Da war zum Beispiel der Wunsch, aus allem einfach einmal auszusteigen und die Welt zu bereisen. Doch derartige Gedanken erstickte ich sofort im Keim, weil sie in meinem routineorientierten Alltag einfach nicht unterzubringen waren. Kurz darauf erzählte mir ein Businesskollege bei einem Kaffee, dass ihm bei einem Vortrag bewusst geworden war, dass er so gut wie keine Zeit mehr mit seinen Kindern verbringt. Der Vortragende hatte von langen Berufsauszeiten gesprochen und davon berichtet, wie er mit seinen Kindern jahrelang unterwegs war und gemeinsam mit seiner Frau deren Unterricht selbst gestaltet hatte. Das war das Ende seines geregelten Lebens. Das hatte meinen Kollegen dazu inspiriert, selbst regelmäßige Ausstiege zu planen. Wäre das etwas für mich? War das ein Wunsch? Aussteigen? Ich wusste es nicht. Es fehlte mir die Zeit, Wünsche zu konkretisieren und herauszuarbeiten. Das Leben hatte in meinem Leben die Regie übernommen. Dieser Gedanke belastete mich zunehmend. Und jetzt, so kurz vor meinem Geburtstag, zog sich die Schlinge um meinen Hals enger und enger zusammen und erstickte mich. Ich spürte einfach keine Lust mehr, so weiterzuleben und den Alltag täglich »herunterzukurbeln«. Um acht Uhr ins Büro, um 18 Uhr raus. After Work Drink oder Sport und am Wochenende Brunch, Zeitung, Sport und vielleicht ein paar Ausflüge. Es spürte sich so vorhersehbar und leer an. Mir fehlten jegliche Spannung und jegliche Möglichkeit, mich zu entwickeln und etwas Neues zu entdecken.

Die Veränderung, die in der Luft lag, wartete darauf, eingeatmet zu werden. Aber wollte ich wirklich den Schritt aus meiner Komfortzone wagen und vielleicht alles aufs Spiel setzen? Oder sollte ich lieber weiterhin die Luft anhalten und mich Schritt für Schritt weitertasten?

Seit Wochen dachte ich mittlerweile darüber nach. Meine Unsicherheit fiel auch anderen auf. Immer mehr Freunde sprachen mich darauf an, warum ich plötzlich so nachdenklich, abwesend und ernst war. Sie sagten mir unumwunden, dass sie sich schwertaten, mit mir umzugehen, wenn ich so verschlossen bin. Ich sagte ihnen, dass ich Zeit für mich bräuchte, und war gleichzeitig getroffen, wenn ich merkte, dass sich meine Freunde von mir zurückzogen, weil ich anders war als sonst.

Ich merkte einen Widerwillen in mir, unter Leute zu gehen. Für die Leere in mir war es unter Menschen manchmal einfach zu laut. Doch hin und wieder blieb mir beruflich nichts anderes übrig, als Veranstaltungen zu besuchen. Ich fuhr zu einem Netzwerktreffen eines Kooperationspartners. Gesichtsbad, Small Talk, Vereinbarungen von Terminen abseits des Events, Ansprachen, Lobeshymnen, drittklassiges Catering und schlechter Wein.

Meine wichtigsten Gespräche waren absolviert und das Event begann, mich zu langweilen. In diesem Moment tauchte eine Frau neben mir auf und fragte mich, ob an meinem Stehtisch noch Platz wäre. Businessdress, um die 50, entspannt, gut aussehend für ihr Alter und eine Ausstrahlung von sanftem, stillem Glück.

Sie strahlte zufrieden in die Runde und lächelte mich offen an: »Und, was bringt Sie dazu, ein derart langweiliges Event zu besuchen?« Sie sagte das mit einer Bestimmtheit und mit einem Charme, dass ich ihr selbst als Veranstalter dieses vernichtende Urteil sofort verziehen hätte.

»Mein Job und mein Leben«, entfuhr es mir.

»Sie wirken sehr angespannt und suchend. Geht es Ihnen gut?«, erwiderte die rätselhafte Frau.

»Suchend? Das trifft es irgendwie auf den Punkt!«, entgegnete ich. *»Ich bin auf der Suche nach dem, was ich wirklich im Leben erreichen will, und frage mich, was ich mir dafür bloß wünschen soll – und was nicht.«*

Die Frau lächelte weiter: »Und Sie wirken sehr hilflos in dieser Situation.« Diesmal traf mich die Direktheit etwas härter. Wer war diese Frau, und warum las sie in mir wie in einem offenen Buch?

Sie entschuldigte sich lächelnd für ihre Direktheit. »Wissen Sie, das Leben ist zu kurz für solch ein entbehrliches Event. Daher habe ich beschlossen, dass ich – wenn ich schon hier sein muss – nicht nur oberflächliche Gespräche führen will. Sie erschienen mir als der richtige Kandidat für mein Vorhaben. Durch meine Arbeit habe ich einen Blick für Suchende, und es interessiert mich, was sie bewegt. Es tut mir leid, wenn ich zu direkt war. Aber so komme ich meistens zu spannenden Gesprächen, die Events wie dieses für mich retten.«

Ich kannte diese Frau nicht, aber ihr Lächeln sagte mir viele Dinge in einem Augenblick: »Deine Hilfslosigkeit ist völlig okay. Lass uns reden und lass alles los.« Sie strahlte etwas Mütterliches, Freundliches und Warmes aus, das mich auf eine neue Art entspannen ließ. Ich hatte das Gefühl, ich sein zu dürfen. Wir kannten uns beide nicht – aber es löste sich etwas in mir, das mir seit geraumer Zeit den Hals zuschnürte. Und, andererseits: Was hatte ich schon zu verlieren?

Also begann ich zu reden – wirklich zu reden: »Ich werde bald 36 und stehe an einem Punkt, an dem ich nicht weiß, ob ich mein Leben noch in der Hand habe. *Es fühlt sich an, als wäre ich in der Erwartungsschleife anderer gefangen, und ich kann meine eigenen Wünsche nicht mehr erkennen.* Meine Freundin erwartet, dass ich sie heirate. Meine Freunde wollen regelmäßige Treffen, die immer gleich ablaufen, und gemeinsame Urlaube, die so sind wie dieses Event hier. Mein Boss wartet auf meinen nächsten Schritt im Unternehmen. Doch bei all dem ist mit der Sinn abhandengekommen, und seit Wochen denke ich darüber nach, was ich mir wirklich von meinem Leben erwarte. So viele andere scheinen wunschlos glücklich zu sein. Ich bin eher wunschverloren.«

Ich merkte auf einmal, wie unglücklich ich wirklich war, und wie mir die Luft zum Atmen fehlte. Seit Wochen hatte ich mit niemandem darüber gesprochen, und nun überfiel mich urplötzlich das Gefühl einer bodenlosen Traurigkeit.

Meine Betroffenheit blieb ihr nicht verborgen. »*Es ist hart, zu erkennen, dass man nicht das Leben lebt, welches einem vorgeschwebt hat.* Diese Erkenntnis ist jedoch der beste Zeitpunkt für eine Veränderung. Vielen macht das fremddefinierte Leben wenig Kummer. Sie jedoch sind damit nicht mehr glücklich und wollen Ihr Dasein bewusst steuern, Ihre verborgenen Wünsche erkennen und Ihr Leben leben. Ich freue mich sehr, hier zu stehen und das von Ihnen zu erfahren. Danke für Ihr Vertrauen.«

Die Frau nahm einen Schluck Wein und fuhr fort: »Wissen Sie, ich war mal in einer ähnlichen Situation wie Sie. Und irgendwann beschloss ich, ganz genau in mich hineinzuhorchen. Wissen Sie, was ich gehört habe? Oder besser, wen?«

Ich verneinte.

»Mein Wille sprach zu mir.«

»Was hat er gesagt?«, wollte ich wissen.

»*Ich bin dein Wille, der immer mehr will. Mehr Erfolg, mehr Geld, mehr Macht, mehr Umsatz. Mehr, mehr, mehr. Ich sage dir, ich bin beinhart und rastlos, und du kennst mich. Manchmal fühlst du dich durch mich unter Druck gesetzt. Oft sitze ich dir im Genick, und du fühlst dich in die Enge getrieben. Ich bring dich dazu, mehr zu wollen – auch wenn gerade nicht mehr geht. Egal. Ich bin da. Der Wille bin ich und ich werde dich antreiben, dich an der Hand nehmen und dir zeigen, wo ich dich haben möchte.*«

»Interessant«, sagte ich.

»Ja«, antwortete die Frau. »Diese Freundschaft mit meinem Willen war jedoch alles andere als gesund. Mein Kopf agierte auf eine Art und Weise, die meine Seele ganz und gar nicht wollte. *Doch mein Wille hatte den Weg gewählt, und meine Seele wurde überrannt.* Meine Wünsche hatten keinen Platz mehr. *Es ging um mehr und noch mehr und noch viel mehr. Alles wurde zu viel, und mein Leben ge-*

riet völlig aus der Bahn, weil mein Körper nicht mehr wollte. Ich wurde krank. Ich trank zu viel Alkohol, bekam zu wenig Schlaf und musste auch manchmal lügen, um den Schein zu erhalten. Mein Körper war der Letzte, der Stopp schrie und keine Kraft mehr hatte. Ich kam nicht mehr aus dem Bett und wollte gar nichts mehr. Alles, wonach ich mich sehnte, war Ruhe von dem, was mir tagtäglich so viel Kraft kostete. In meinem Leben, das ich mir im Kopf ausgedacht hatte, spielte meine Seele nicht mehr mit. Wir vergessen oft, dass nicht nur unsere Gedanken Macht haben, sondern Seele und unser Körper weitaus mehr Einfluss auf uns haben – und das von Geburt an. Ernähren wir uns gut, lebt unser Körper. Achten wir darauf, dass wir auf unser Herz und unsere Gefühle hören, geht es unserer Seele gut. Funktionieren Körper und Seele in Harmonie, geht es unseren Gedanken gut. Doch, gewinnen die Gedanken – ich sage dazu immer unser Kopf – die Oberhand, dann übergehen wir gerne unsere Gefühle, die Seele und dann auch unseren Körper. Und ehe wir es uns versehen, befinden wir uns unter Menschen, die genauso kopf- und gedankengesteuert sind wie wir. Und das nicht nur beruflich: Auch die Liebe zu einem anderen Menschen wird auf Funktionalität und Kompatibilität heruntergebrochen, und unsere Wünsche werden falsch interpretiert. Frau/Mann ist im richtigen Alter, gut aussehend, schlagfertig und kinderlos? Ideal zum Heiraten und Mutterwerden. Die Funktionalität sticht das Gefühl. Vieles läuft plötzlich nur mehr auf Besitz, Geld oder Einfluss hinaus, und sämtliche Bedürfnisse werden an den Normen einer Gesellschaft ausgerichtet, in der wir uns längst fremd fühlen. Unser wahres Ich und unsere wahren Wünsche werden gering geschätzt und ignoriert. So verkommen wir zu seelenlosen Maschinen unserer sozialen Umgebung.«

Wow. Hatte diese Frau gerade mein Leben und meine momentane Krise in ein paar Sätzen auf den Punkt gebracht?

Mein Körper funktionierte meistens irgendwie, aber irgendwie auch nicht mehr so wie früher. Meine Seele war nur mehr durch Extreme zu bewegen, wie zum Beispiel durch den Tod eines Bekannten. Dann gewährte sie mir ein paar Tränen. Und scheinbar lief es bei vielen so.

»Gefühle sind unangenehm«, hatte vor Kurzem ein Freund zu dem Thema gesagt. *»Sie machen einem das Leben nur schwer.«* Und nun war da diese Frau und sprach genau die Dinge an, die mir nicht mehr richtig erschienen. Sie löste damit einen wahren Tornado aus Gefühlen in mir aus. Ich wollte das nicht. Bis vor einer halben Stunde war alles in Ordnung gewesen. Ich war halbwegs glücklich mit meinem Leben gewesen. Ein wenig unruhig und unsicher, aber doch bis zu einem gewissen Grad glücklich.

Meine Gesprächspartnerin konnte anscheinend an meinem Gesicht ablesen, was in mir vorging: »Ich sehe, dass das vielleicht ein bisschen zu viel auf einmal war, wissen Sie, was? Hier ist meine Karte. Falls Sie es ernst damit meinen, Ihren wahren Wünschen auf den Grund zu gehen, und wenn es Sie interessiert, wie meine Geschichte weiterging, melden Sie sich einfach. Ich bin für Sie erreichbar, und es wäre mir eine Freude, Sie wiederzusehen. Leider muss ich jetzt gehen. Vielen Dank für das Gespräch.«

Verdutzt schaute ich zuerst auf ihre Karte und dann in ihr lächelndes Gesicht. Ich sah mir selbst zu, wie ich ihr die Hand gab und mich dann auch auf den Heimweg machte. Es waren nur ein paar Gehminuten bis zu meiner traumhaften 100-m²-Wohnung im besten Wohnviertel der Stadt. Ja, ich war der Empfehlung meines Kollegen damals gefolgt. Und trotzdem fühlte es sich heute an wie ein Tagesmarsch auf dem Jakobsweg. Meine Seele schien mir plötzlich omnipräsent, und während ich zum Mond hinaufstarrte, war mir irgendwie klar, dass die Zeit gekommen war, mehr auf meine Gefühle zu hören und meine Wünsche besser wahrzunehmen.

Verlieren alle Suchenden beim Vorankommen etwas, das früher einmal große persönliche Wichtigkeit hatte? Diese Frage stellte ich mir immer wieder. Ich machte es mir auf meine Terrasse gemütlich und gönnte mir noch ein Glas Wein – diesmal einen richtig guten. Beim Herumspielen auf meinem Handy fand ich auf YouTube Musik, die mir früher viel bedeutet hatte, die heute aber kaum noch jemand aus meinem Freundeskreis hörte. Während ich die Songs abspielte, wurde mir bewusst, wie sehr ich Underground-Musik liebte, weil sie so bodenständig, melancholisch und gleichzeitig künstlerisch anspruchsvoll war.

Ich saß da, blickte in den Nachthimmel und hatte Lust auf eine Zigarette. Ich ließ es bleiben. Der Entschluss, mit dem Rauchen aufzuhören, war vielleicht eine der wenigen wirklichen Errungenschaften, die ich entlang meines Weges zustande gebracht hatte. Ich wollte wieder zurück zu meinen Wurzeln – zu jener Person, die mehr ihrem Herzen gefolgt war, jene Person, die Underground-Musik für sich entdeckt hatte. Ich wollte all das wiederfinden, was ich entlang meines Weges verloren hatte. Und ich wollte wissen, welche Wünsche noch in mir schlummerten.

Ich kramte die Visitenkarte aus meiner Sakkotasche und betrachtete sie eingehend. »Pauline Treffer« war mit klarer, zartgrauer Schrift auf dickes und wunderschönes Papier gedruckt. Es war nicht glatt, sondern hatte Struktur – etwas, das man gerne angriff. Auf der Rückseite stand eine Handynummer. Das war's. Keine Website, keine Berufsbezeichnung. Nichts. Irgendwie hatte ich das beunruhigende Gefühl, dass diese Frau möglicherweise gar nicht existierte.

Ohne die Visitenkarte hätte ich vermutlich angenommen, dass das alles ein Traum war. Doch dazu war die Bandbreite an Gefühlen in meinem Inneren zu groß. Sie hatte etwas in mir bewegt und längst Vergrabenes ans Tageslicht geholt. Ich war gleichzeitig schockiert und beruhigt darüber. Und, es machte mir Angst. Ich war alles andere als ein Weichei, und so schnell warf mich nichts um. Aber dieses Gefühl – irgendwie vertraut und doch neu – war komplett anders.

Es war, als würde ich barfuß einen schneebedeckten Strand entlanglaufen. Ich erinnerte mich, dass ich das vor vielen Jahren tatsächlich einmal erlebt hatte. Während eines Winterurlaubs in Skandinavien hatte es geschneit, und der Strand war mit Schnee »angezuckert«. Bis zu diesem Moment hatte ich »Meer« immer mit Sonne, Sand und Salzwasser verbunden. Nun gab es keine Sonne und der Sand war nicht zu sehen. Ich ging über den Schnee und sah zu, wie sich der Schnee mit dem Sand vermischte. Schnee mit Sand. Das war eine völlig neue Erfahrung. So ging es mir nun auch. *Ich hatte Sehnsucht danach, mein altes Ich neu zu begehen und es mit einem neuen Ich zu vermischen.* Und gleichzeitig hatte ich Angst davor, was dabei zum Vorschein kommen würde.

Ich fühlte mich komplett leer und war hundemüde. Ich nahm mir vor, am nächsten Tag die Handynummer auf der Karte zu wählen. Es wäre sicherlich spannend, mit Frau Treffer weiterzuplaudern.

Wo ist mein Leben?

Fünf Tage später hatte ich mein Vorhaben noch immer nicht umgesetzt. Irgendwie kam jedes Mal etwas dazwischen. Aber heute würde ich es tun. Nach der ersten Begegnung mit Pauline Treffer hatte ich ein Wochenende mit meiner Freundin in einem Wellnesshotel verbracht. Es gab keine Anzeichen mehr dafür, dass mit meinem Leben irgendetwas nicht in Ordnung war. Ich war entspannt wie nie. Guter Sex, nette Gespräche, unglaublich gutes Essen und das eine oder andere Glas zu viel hatten dazu beigetragen. Auch für meinen Körper konnte ich in der Therme etwas tun: Ich gönnte mir eine Massage und ging eine Runde laufen. Kurzum: Mein Leben war offensichtlich doch nicht der Trümmerhaufen, für den ich es gehalten hatte.

Dennoch wollte ich nach dem Businesslunch zum Handy greifen. Vielleicht hatte diese Frau doch noch ein paar interessante Thesen auf Lager, die mich in meiner Karriere weiterbringen würden. Im Moment steckte ich beruflich ja auch ein wenig fest. Irgendwie ging nichts weiter. Absoluter Stillstand.

Das Essen beim Businesslunch war wirklich gut, der Wein schmeckte ausgezeichnet und die Tischgespräche entwickelten sich wie gewohnt zu einer Darstellung der eigenen Erfolge – in der für diese Veranstaltungen typischen Weise. Zwar erfolgte keine völlig plumpe Aneinanderreihung von Errungenschaften und Besitztümern, aber der eigene Status wurde doch in Geschichten zwischen den Zeilen transportiert. Ein Teilnehmer erzählte von einem gerade genossenen

Urlaub, wen er dort alles getroffen hatte und was er erlebt hatte. Ein anderer berichtete von seinem Interesse für ein neues Automodell und das Lebensgefühl, das damit verbunden wäre, wenn man es endlich besitzt. Erstaunlich oder sonderbar fand ich das alles nicht. Ich befand mich lediglich im ganz normalen Alltag offenbar reicher Menschen.

Plötzlich war es wieder da – dieses blöde, nicht zuordenbare Gefühl der erdrückenden Last. Wollte ich das alles auch? Wollte ich das alles wirklich erreichen und bei Gesprächen mit anderen artikulieren? *Wollte ich wie alle anderen immer wieder den Rundwanderweg des Erfolgs beschreiten und mich von Etappe zu Etappe prahlen?*

Wie oft hatte ich Geschichten über Reisen in der ersten Klasse gehört oder über Immobilien, die wichtig sind, aber irgendwie doch nicht? Über teure Uhren und Prominente wurde so gesprochen, als gehörten sie zum täglichen Leben. Mich auf meine Rolle als Suchender besinnend, saß ich dabei, hörte zu und war fasziniert von dieser Welt.

Doch gleichzeitig hatte ich Angst. Ich war mir nicht sicher, ob diese Menschen tatsächlich glücklich waren. Mittlerweile hatte ich mich längst gedanklich aus dem Gespräch zurückgezogen. Vor ein paar Wochen noch hätte ich selbst das große Wort in dieser Runde geführt. Auch ich wollte all das, was in dieser Runde Thema war. Und ich war auch auf einem guten Weg, es zu erreichen. Doch jetzt störte mich etwas an diesen Zielen meines alten Ichs. Ein Teil von mir hatte noch immer den Wunsch, diesen Luxus zu erleben. Der andere Teil war darauf versessen, in der Komfortzone zu bleiben, das Leben als solches anzunehmen und in der Normalität zu verharren. Irgendwie hatte ich unter diesen Leuten das Gefühl, dass nicht alles Gold ist, was glänzt. Aber es machte unglaublichen Spaß, sich zurückzulehnen und zuzuhören. Der Lunch dauerte länger als erwartet, und eine Weinflasche nach der anderen wurde bestellt. Ich merkte, wie ich zunehmend lockerer und draufgängerischer wurde, und hatte plötzlich das

Bedürfnis, nachzufragen, wer am Tisch sich seine Wünsche erfüllt hatte und ob viele deshalb so glücklich wirkten.

Ich sah mein Gegenüber an und fragte drauflos: »Haben Sie sich Ihre Wünsche erfüllt? Haben Sie Ihre Zielerreichungen gebührend gefeiert? *Haben Sie das Leben gelebt, das Sie leben wollten? Und haben Sie die glücklichen Momente so richtig genossen?*«

Rasch verebbten die Gespräche rundherum, und am Tisch wurden verblüffte Blicke gewechselt. Nach und nach sahen sich viele veranlasst, auf diese ungewöhnlichen Fragen eine Antwort zu geben. Viele der Gäste redeten drauflos und setzten zu Erklärungen an. Eine Floskel folgte der anderen. Schließlich tauchten anhand der vielen leeren Worte konkretisierende Fragen und Aussagen auf:

»Was sind wirkliche Wünsche eigentlich?«

»Das müssten wir einmal definieren.«

»Was ist Glück, und ab wann sollte man ein Ziel feiern?«

»Natürlich feiern wir und genießen den Moment.«

»Über das mache ich mir nicht so viele Gedanken.«

Auf meine klare Nachfrage: »Sind Sie denn jetzt glücklich?«, folgte ein Schwall relativ nichtssagender Floskeln:

»Es wäre Anmaßung, in unserer Situation nicht glücklich zu sein.«

»Natürlich muss man mit sich selbst zufrieden sein.«

»Wie definieren Sie Glück? Vorher kann ich dazu nichts sagen.«

Ich hatte mir offensichtlich mehr von meinen Fragen erhofft, als mir meine Sitznachbarn bieten konnten. Also beschloss ich, einfach das Essen zu genießen und mein suchendes Ich auf Stand-by zu stellen.

Gegen 18 Uhr, als einige der eifrigsten Wortführer bereits gegangen waren, kamen schließlich doch ein paar brauchbare Antworten von den verbliebenen Gästen.

»Zu Ihren Fragen von vorhin wollte ich noch sagen: Ich feiere oft, weil ich sehr viel unterwegs bin, und mir das auch in meinem stressigen Job Entspannung verschafft. Aber irgendwie bin ich dann schon wieder bei der nächsten Feier und kann das Erlebte im Augenblick gar nicht wirklich genießen.«

»Das kenne ich. Es fällt mir auch oft schwer, mental runterzukommen und gedanklich nicht schon wieder einen Schritt voraus zu sein.«

»Wem sagen Sie das. Manchmal denke ich, ich will zu viel in zu wenig Zeit. Oft habe ich das Gefühl, auf der Strecke zu bleiben.«

Ich war verblüfft. Doch so schnell die Offenheit gekommen war, war sie auch wieder vorbei. Die Tischgäste verabschiedeten sich.

»Meine Frau wartet, wir haben noch einen offiziellen Abendtermin.«

»Ich muss auch noch wohin. Schönen Abend noch.«

»Denken Sie nicht so viel, das bringt nur Unruhe.«

Mit diesen Worten leerte sich der Tisch, und ich blieb mit meinen Gedanken allein. Da auch ich noch ins Büro musste, um ein paar Kleinigkeiten zu erledigen, schob ich mein Vorhaben, Frau Treffer anzurufen, gedanklich nach hinten.

Die »Kleinigkeiten« dauerten dann doch bis 21 Uhr. Als ich das Büro verließ, kehrte auch die Erinnerung an die Aussagen am Ende des Businessessens zurück und bohrte sich unangenehm in meinen Kopf. Zum ersten Mal konnte ich mit einem Begriff etwas anfangen, den ich von einer Beraterin gehört hatte. Sie nannte das »Hirnwichserei«. Mir wurde bewusst, dass ich mich seit Wochen immer wieder genau in diesem Zustand wiederfand. Es gab weitaus schönere Zustände.

Beim Heimfahren fiel mir der Kniff ein, den Pauline Treffer angesprochen hatte. *Vielleicht wäre das bewusste Hinhören nach innen auch etwas, das mir helfen würde.* »Wir haben doch nur ein Leben und eine Chance«, kam es plötzlich in mir hoch, und ich erkannte die Stimme meiner Seele – sofern

Seelen überhaupt eine Stimme haben konnten. Und obwohl es ein relativ banaler Satz war, brachte er mich sofort zum Nachdenken: Die meisten Menschen stellen sich die Frage, ob sie ihr Leben wirklich nach ihren Vorstellungen gelebt haben, meistens erst dann, wenn ihr Lebensende unmittelbar bevorsteht – sei es durch Alter oder Krankheit. Mich beschäftigte die gleiche Frage als relativ junger Mensch ohne ersichtlichen Anlass. *Nutzte ich alle Chancen, um das Leben wirklich zu genießen? War ich auf einem guten Weg, mir alle Wünsche zu erfüllen, die mir wichtig sind?* Warum wird uns immer erst durch den Tod von Angehörigen und der Konfrontation mit dem Tod an sich bewusst, dass dieses Leben eine begrenzte Erfahrung ist, die es zu nutzen gilt? Und das nicht in letzter Sekunde mit dem nahenden Ende vor Augen, sondern dann, wenn man die Kraft und die Perspektive hat, längerfristig zu planen. Nur dann hatten all diese wichtigen Fragen einen Sinn. Eine der wichtigsten war: *»Will ich mein Leben selbst leiten, oder sollen das andere für mich übernehmen?«*

Bei dieser Frage fiel mir Frau Treffer ein. Ich kramte in meiner Geldbörse nach der Karte. Ein Blick auf die Uhr zeigte mir, dass es bereits 21:30 Uhr war. Zu spät für einen Anruf bei jemandem, den man zuvor erst eine Viertelstunde lang gesehen hatte. Ich beschloss, den lauen Abend mit einem Spaziergang durch die Stadt zu genießen. Als ich ein paar Blocks gegangen war, hörte ich plötzlich wieder meine Seele:

»Lebe ich das Leben, das andere von mir erwarten, oder achte ich bewusst darauf, was mich glücklich macht und was mir selbst wichtig ist?«

Schlagartig wurde mir bewusst, dass ich in keiner Weise selbstgesteuert war. Zögernd holte ich die Karte aus der Geldbörse. 21:42 Uhr. War das noch angemessen um diese Uhrzeit, oder war mein Zögern nur eine weitere Konditionierung, die ich in blindem Gehorsam abspulte? Kurzentschlossen tippte ich die Nummer ein.

»Guten Abend, Frau Treffer. Wir kennen uns von dem Netzwerktreffen letzte Woche. Ich war derjenige am Stehtisch.«

»Ahhh. Ich freue mich, so schnell von Ihnen zu hören. Wie geht es Ihnen?«

»Sie haben mich inspiriert, mein Leben selbst in die Hand zu nehmen. Hätten Sie in den nächsten Tagen Zeit für ein Gespräch? Sie haben bei mir etwas ausgelöst, das ich nicht zuordnen kann. Aber ich spüre, dass es mich weiterbringt und nicht mehr loslässt.«

Ich nehme mein Leben wieder in die Hand

Schon am darauffolgenden Tag saß ich in einem ruhigen und gemütlichen Lokal und wartete auf Pauline Treffer. Als sie das Lokal betrat, kam sofort wieder dieses vertraute Gefühl in mir hoch. Am liebsten hätte ich sie umarmt, was gleichzeitig angemessen und völlig unangemessen erschien.

Doch sie nahm mir rasch das Gefühl der Unsicherheit, indem sie mir lächelnd die Hand gab und mit der linken Hand meinen Oberarm fest und gleichzeitig sanft drückte. »Es ist Zeit, Ihnen das Du anzubieten«, sagte sie.

Sofort stellte sich ein Gefühl der absoluten Sicherheit und des Vertrauens ein. *Ich spürte, dass die Zeit gekommen war, mir meiner Wünsche bewusst zu werden.* Und Pauline würde mich dabei begleiten.

Wir bestellten und Pauline fing an, zu erzählen: »Ich habe viele Menschen in meinem Leben getroffen. Weit mehr als hundert habe ich danach gefragt, was ihnen wichtig im Leben ist und was sie dafür getan haben, um glücklich zu sein. Eines hat sich dabei sehr schnell herauskristallisiert und in den nachfolgenden Gesprächen immer wieder bestätigt: *Eine bewusst selbstgesteuerte Vorgehensweise ist ein immenser Einflussfaktor bei der Erreichung der eigenen Wünsche.* Der Gedanke, das Leben zu 100 Prozent eigenverantwortlich zu steuern und zu genießen, war vielen ganz besonders wichtig. Viele haben dabei auch die Demut dem Leben gegenüber nicht verloren. Sie behielten sich ein Gefühl der Freiheit, das vieles in der Wunscherreichung leichter – fast schon spielerisch leicht – macht. Von diesen spannenden Gesprächen und meinen Erkenntnissen würde ich dir gerne im Laufe unserer Treffen nach und nach erzählen.

Kürzlich traf ich mich zum Beispiel mit Mag. Ali Rahimi, einem Netzwerker und dem Geschäftsführer von Rahimi & Rahimi. Wir redeten über Erfolg und was er alles erreicht hat, und er kam zu einer Schlussfolgerung: »Wir streben nach immer mehr. Ich selbst auch. Da stellt sich die wichtige Frage: Was kommt als Nächstes, was ist mir noch wichtig, umzusetzen? Doch noch wichtiger ist es mir, angesichts großer Erfolge die Demut zu erhalten.« So sehe ich das auch. Sämtliche meiner Interviewpartner nannten als Ziel, den Respekt und die Demut auf dem eigenen Weg – wo immer er hinführt – nicht zu verlieren. Wünsche zu erkennen und diese zu leben, ist keine Selbstverständlichkeit. *Wer dabei erfolgreich sein will, sollte viele Aspekte berücksichtigen. Respekt ist einer der wichtigsten.«*

Ich hörte Pauline gebannt zu. Ihre Herangehensweise an das Thema Erfolg faszinierte mich. Eigentlich klang es recht simpel: Sie traf Persönlichkeiten, sprach mit ihnen darüber, wie erfolgreich sie sind, welche Ziele und Wünsche sie hatten und haben, und hatte sich zum Ziel gesetzt, daraus eine effiziente Strategie zur Wunscherfüllung abzuleiten. Und eines war mir klar: Erfolg ist nicht mit Bekanntheit gleichzusetzen. Ich hatte soeben zum ersten Mal von Herrn Rahimi gehört. Aber mit dem, was er sagte, konnte ich etwas anfangen. Jede noch aufrechte Blockade in mir war verschwunden, und es erfüllte mich mit Stolz, in Pauline jemanden gefunden zu haben, der mich dermaßen inspirierte. Oder, hatte sie mich gefunden? Ich war mir nicht mehr sicher, ob ich überhaupt eine Wahl hatte.

Pauline offenbarte mir, dass auch sie selbst einen weiten Weg hinter sich hatte: »Meine heutige Zufriedenheit und der Spaß an meiner Arbeit zeigen mir, dass ich meine Wünsche wirklich lebe. Das war nicht immer so. Ich hatte mit rund 32 ein einschneidendes Erlebnis. Ein wichtiger Mensch starb, und ich durfte ihn beim Sterben begleiten. *Rund um dieses prägende Ereignis erkannte ich, dass wir nur ein Leben haben, das wir oft zu wenig bewusst leben.* Außerdem wurde mir bewusst, dass ich mit meinem Leben unzufrieden war und mir das Gefühl des Glücklichseins fehlte. Alles lief in absehbaren Bahnen ab: Ich war verheiratet, hatte eine Firma und war international tätig. Meine Freunde waren beruflich ähnlich gut unterwegs wie ich. Natürlich machte sich der Erfolg bemerkbar, und ich genoss ihn, aber vieles war mit Entbehrungen verbunden. Der Spaß und die Zeit für mich blieben auf der Strecke. Ich lebte für etwas anderes und hatte die Balance von Körper, Seele und Wissen verloren. Der Kopf wusste das lange Zeit sehr geschickt vor meiner Seele zu verstecken: Er führte permanent und blendete körperliche Symptome wie Erschöpfung, Lustlosigkeit, Antriebslosigkeit und Gereiztheit einfach aus. Ich hatte ständig etwas an Menschen, Strukturen und Situationen auszusetzen – auch da, wo es eigentlich nichts zu nörgeln gab. Ich lebte in permanenter Unzufriedenheit in einer scheinbar glücklichen Welt. Eines Tages kam der Moment, in dem ich merkte, dass ich etwas verändern musste. So wie bei dir jetzt.

Ich nahm meine Veränderung in Angriff. Zuerst voller Energie. Doch schon nach kurzer Zeit merkte ich, dass mir die Luft ausging. Und eigentlich war das ja auch klar. Ich konnte nicht alles, wo sich Unzufriedenheit über Jahre hinweg eingeschlichen hatte, von einem Tag auf den anderen verändern. Es war nicht so einfach, wie ich es mir vorgestellt hatte. Doch ich wollte unbedingt herausfinden, wie ich dranbleiben konnte. Da ich viele schlaue Bücher gelesen hatte, wollte ich wissen, wie es in der Realität aussieht. Damals begann ich damit, mich mit Menschen zu unterhalten, die anscheinend all ihre Wünsche erreicht und all ihre Ziele realisiert hatten und erfolgreich waren. Mit diesen Gesprächen wollte ich mehr Klarheit für mich gewinnen. Davon erhoffte ich mir eine Antwort auf die Frage, ob meine Entscheidung, einen neuen Weg zu gehen, die richtige ist und mich auf Dauer glücklicher macht.«

Ich war sprachlos. Denn ich lauschte ihren Worten und erkannte mich selbst. Ich saß einer Frau gegenüber, die haargenau wusste, wie ich mich im Moment fühlte: hilflos und orientierungslos. Sie hatte diesen Zustand auch erlebt und nun begegnete sie mir zu genau diesem Zeitpunkt? *War das Zufall, oder funktionierte das Leben so, dass wir genau das anziehen, was wir ausstrahlen?* Es gibt da ja diesen Spruch, dass der Lehrer dann erscheint, wenn der Schüler bereit ist – nur, dass Pauline keine »Lehrerin« im eigentlichen Sinn war, sondern etwas anderes, Besseres. Eine erfahrene Begleiterin.

Jede weitere Minute mit Pauline sorgte bei mir für noch mehr Gänsehautfaktor. Ich hatte zunehmend das Gefühl, sie erzählte mir meine Geschichte und ich ihr die ihre. Träumte ich das alles, oder saß sie mir wirklich gegenüber? Ich musste heute unbedingt noch nach ihr googeln. All das persönlich nachzufragen, was mir auf der Seele brannte, erschien mir aus irgendeinem Grund unangemessen. Warum ließ sie zum Beispiel Details weg und erzählte alles mit so einem mystischen Touch, der so gar nicht zum Alltag passen wollte, in dem wir uns unweigerlich bewegten?

Gerade als mir dieser Gedanke durch den Kopf ging, schaute sie mich an und sagte freundlich: »Wenn es dir zu viel ist, können wir uns gerne ein anderes Mal wiedertreffen. Oder verträgst du noch etwas zum Thema Wünsche?«

»Das tu ich. Ich denke nur die ganze Zeit darüber nach, warum du mir gerade jetzt begegnest.«

»Verzeih mir meine Direktheit, aber das ist verlorene Zeit. *Denk nicht darüber nach, warum dir etwas zum scheinbar richtigen Zeitpunkt begegnet, sondern nutze die Chance, wenn dir etwas begegnet. Das Nachdenken über einen möglichen Grund versperrt dir den Blick auf die Chance selbst.* Wir verlieren am Tag sicher einige solcher Chancen aufgrund unserer Engstirnigkeit. Mehr Offenheit ermöglicht auch mehr Chancen. Du lernst nur, wenn du mit erhobenem und wachem Blick durch die Welt gehst. Wenn du den Kopf nachdenklich nach unten hältst und dich ununterbrochen in Gedanken vertiefst, wirst du jene Menschen verpassen, die dir helfen können, oder Situationen nicht erkennen, die dich weiterbringen.

Lass mich dir noch zwei Geschichten aus meinen Interviews erzählen: Mag. Petra Huber ist für mich ein Paradebeispiel für Zielstrebigkeit. Sie ist Sportwissenschaftlerin und wusste immer, was sie wollte. Selbst hatte sie zwar keinerlei Ambitionen, Spitzensportlerin zu werden, aber ihr Ziel war es, Management mit Sport zu verbinden. Ihr Werdegang begann mit der Arbeit für verschiedene Verbände. Nun ist sie die Generalsekretärin des Österreichischen Paralympischen Committees.

Der Schauspieler Alexander Goebel erzählte mir, dass er eigentlich etwas ganz anderes machen wollte, sich aber trotzdem für Schauspielerei und Gesang entschied. Ihm war es immer wichtig, dass er sich nicht verbiegen muss, und er hatte Sorge, weil er mitbekam, wie viel man es auf und vor allem hinter der Bühne mit Politik und Macht zu tun hat. Sein persönlicher Fokus war, autonom zu bleiben. Das ist ihm gelungen. Er hat Chancen erkannt und diese genutzt. Heute hat er sich zusätzlich auch als Autor und Managementberater einen Namen gemacht. Ein ganz anderer Weg, aber seiner.«

Was Pauline sagte, hatte alles Hand und Fuß. »Bitte sprich weiter, ich will die Chance nutzen.«

»Ich muss dich warnen. *Der scheinbar ›glücklichere‹ Weg ist beinhart. Wenn du beschließt, deinen eigenen Weg bewusster zu gehen und deinen Wünschen bewusster zu folgen, kann das unangenehmer sein, als wenn du den Weg wählst, den deine Umgebung für dich als richtig erachtet.* Du kannst beschließen, du selbst zu sein oder du selbst zu werden, oder mit der Schafherde in eine Richtung gehen. Dein eigener Weg macht dich zwar glücklicher, aber er kostet auch Energie und Kraft. *Die Herde zu verlassen, heißt, aus der Komfortzone zu treten.* Es steht dir auf deinem Weg frei, hie und da mit der Herde mitzulaufen. Der Unterschied ist aber, dass du es dann nur tust, wenn du es wirklich willst, es dir Spaß macht und wenn es dich deinen Wünschen näher bringt. Ich biete dir an, deine Wegbegleiterin zu sein und mein Wissen und meine Erfahrung mit dir zu teilen.«

Wahnsinn. Diese Frau wollte mich in meiner Veränderung begleiten. Und ich musste sie nicht einmal selbst darum bitten. Meine Gefühle meldeten sich wieder. Irgendwie konnte ich mit dieser »alten/neuen« Seite an mir nicht umgehen. Ich hatte mir etwas gewünscht, Veränderung gespürt und jetzt war sie zum (Be-)Greifen nah, und ich bekam sofort fundierte Unterstützung angeboten.

»Ich verstehe zwar nicht, warum du das tust, aber mein Gefühl wird seit unserem ersten Treffen immer stärker und sagt mir, es wird gut und ich werde Antworten bekommen. Mein Kopf meint, ich habe nichts zu verlieren, und mein Körper erlebt gerade einen Endorphinrausch«, sagte ich lächelnd.

»Dann freue ich mich darauf, meine Auseinandersetzung mit Wünschen und die Erkenntnisse aus meinen Gesprächen mit dir zu teilen. Ich konnte einen roten Faden erkennen, der sich durch alle Gespräche gezogen hat. Durch die unterschiedlichen Sichtweisen ergab sich für mich eine praxisorientierte Möglichkeit, die mein eigenes Bild von Wünschen erweitert hat und mich selbst ein gehöriges Stück weitergebracht hat. Vielleicht unterstützt dieser rote Faden auch dich auf deinem Weg. Ich kann dir nicht versprechen, ob du dabei all das erreichst, was du dir heute vorstellst. Ich weiß nur eines: *Einige Menschen haben es geschafft, das zu bekommen, was sie sich gewünscht haben. Und ich bin davon überzeugt, dass wir uns davon inspirieren lassen können, um etwas Neues in unserem eigenen Leben auszuprobieren.* Wege gibt es viele. Ziele auch. Gehen wir einmal von den gängigen Wunschvorstellungen wie Geld, Macht, Gesundheit weg. Es gibt viele Lebensaspekte in Verbindung mit Wünschen, die nicht so klar auf der Hand liegen. Der eine hat den generellen Wunsch, zu führen – Nicole Wesner, eine Sportlerin und vorher im Marketing tätig, hatte zum Beispiel den klar definierten Wunsch, Boxerin zu werden.«

Jetzt würde Pauline mir sicher gleich jene Frage stellen, mit der ich mich bereits seit Wochen selbst erfolglos herumschlug. Ich sollte recht behalten: *»Hast du dich schon einmal mit deinen wahren Wünschen auseinandergesetzt? Was sind für dich Wünsche? Was willst du auf deinem Grabstein stehen haben? Was soll anderen von dir in Erinnerung bleiben?* Oder befindest du dich in der Herde und bevorzugst die klassischen Aussagen zu diesem Thema?«

Sie sah meine Verzweiflung. Sie hatte genau meinen wunden Punkt erwischt, der mir seit Wochen zu schaffen machte.

»Okay, das ist deine erste Aufgabe bis zu unserem nächsten Treffen«, sagte sie. »Setze dich damit auseinander, was deine Wünsche sind.«

»Wie mache ich das? Ich versuche seit Wochen hier weiterzukommen. Aber das Leben reißt mich immer wieder aus meinem Gedankenwirrwarr heraus und lässt mir keinen Raum, um klare Gedanken zu finden.«

»Genau das musst du jetzt sein lassen. Ich will nicht wissen, was dein Kopf für Wünsche hat, sondern was deine Seele ersehnt.«

»Wie stelle ich das an?«

»Verbringe Zeit nur mit dir. Gib deinem Körper Sauerstoff. Geh wandern, spazieren oder laufen. Versuche, in Bewegung zu sein – allein mit dir. Bring deine Gedanken zum Schweigen und ruhe in dir, wenn du unterwegs bist. Setz dich an einen schönen Platz, erlebe bewusst die Umgebung um dich herum und die Ruhe, in der du dich befindest. In diesen Momenten nimm ein Blatt Papier zur Hand und stell dir folgende Fragen: Wo sind meine Wünsche? Was sind meine Wünsche? Was will ich seit Jahren machen und schaffe es nicht? Was bereitet mir unglaubliche Lust? Was steht auf meiner Liste der Dinge, die ich bis zu meinem Tod erleben wollte? Schau in dein Inneres und schreibe alles nieder, was an die Oberfläche kommt. Aber ohne Nachdenken. Einfach schreiben. Sortiere auch nichts. Notiere unreflektiert alles, was dir in den Sinn kommt. Schau auch nicht darauf, ob es möglich ist oder nicht. *Schreibe jedes Wort, das in diesem Augenblick geschrieben werden möchte.* Diese Übung wiederholst du bis zu unserem nächsten Treffen fünf Mal.«

Ich hatte mir alles aufgeschrieben.

»Vor unserem Treffen schaust du dir alles an, markierst Wiederholungen und bringst alles in Form. Wiederholungen sind wichtig. Setze sie in der Liste an die erste Stelle. Den Rest reihst du nach Gefühl. Sei ehrlich zu dir und bleibe deiner Seele treu. Wann willst du dich wieder treffen? Oder meldest du dich einfach, sobald du die Aufgabe erledigt hast?«

»Ich will einen Termin, aber ich weiß noch nicht, wie ich das alles schaffen soll.«

»Lass dir Zeit und melde dich, wenn du so weit bist. Ich muss jetzt leider gehen. Viel Spaß bei dieser Aufgabe.«

Sie drückte mir noch sanft die Hand und schon war sie weg. Dieses abrupte Ende hatte ich nicht erwartet. Ich schaute auf die Uhr: Es waren zwei Stunden vergangen, die sich von der Intensität her wie zehn angefühlt hatten. Mein Kopf war randvoll und ich hatte das Bedürfnis, mich zu verkriechen und umarmt zu werden. Ich fühlte mich mit einem Schlag so einsam wie schon lange nicht. Was hatte Pauline gesagt? Hast du dich für deinen Weg entschieden, wird es nicht einfach, sondern erst einmal schwierig. Das stimmte zweifelsohne.

Wohin sollte ich gehen? Als Erstes fiel mir meine Terrasse ein. Und mir wurde bewusst, dass sie bisher eher ein Schauplatz für Partys gewesen war. Nun wurde sie immer mehr zu meinem persönlichen Rückzugsort. Ich hatte keine Lust und Energie für Partys, sondern für Ruhe und Nachdenklichkeit. So schnell konnten sich die Dinge in einem Leben ändern.

Was wünsche ich mir wirklich?

Am Samstag wachte ich voller Tatendrang auf. Heute wollte ich meine erste Tour durch den Wald starten. Ich hatte mir im Internet eine vielversprechende Route von einer Seite der Stadt zur anderen – einen Weg durch unterschiedliche Bereiche der Stadt – herausgesucht. Davor hatte ich nicht einmal gewusst, dass es dort einen wunderschönen Platz gibt, der einen atemberaubenden Ausblick über die Stadt bietet, und dass es dermaßen viele Wanderrouten durch die städtischen Wälder gab. Das alles lag seit Jahren quasi vor meiner Haustür, aber ich hatte dem keinerlei Beachtung geschenkt. Das sollte sich ändern.

Meine neuen Pläne hatten auch Auswirkungen auf andere: Gestern hatte ich zum ersten Mal seit Langem mein gewohntes Verhaltensmuster durchbrochen und den Abend nicht mit Freunden in der Stadt verbracht. Es hatte mich nach Hause gezogen – zu meiner Musik und auf meine Terrasse. Meine Freundin hatte das etwas verwundert. Aber sie hatte kein Problem damit und war dann allein losgezogen, um ihren gewohnten Rhythmus des wöchentlichen Partyrituals zu erleben.

Ich stand vor meinem Schuhkasten und überlegte, ob ich Bergschuhe oder Laufschuhe anziehen sollte. Die Bergschuhe hatte ich gefühlte zehn Jahre nicht mehr an den Füßen gehabt. Sie waren die richtige Wahl. Schließlich wollte ich ja richtig wandern und mich auf den Weg zu mir selbst und meinen Wünschen machen. Da passte es gut, wenn ich mich rein äußerlich von den Hobbyausflüglern und Spaziergängern unterschied.

Kurzes Frühstück – ein kleiner Espresso. Ich füllte meine Wasserflasche und sah nach, ob noch Obst vorrätig war, das ich einpacken konnte. Mein Rucksack hatte ebenso lange das Tageslicht nicht gesehen wie meine Bergschuhe. Seit wann besaß ich diese Ausrüstung eigentlich schon und wie oft hatte ich sie benutzt? Ich konnte mich nicht daran erinnern, in den letzten sechs Jahren eine Wanderung unternommen zu haben. Mir hatte die Muße gefehlt. Und die Zeit. Und die Entschlossenheit.

Vielleicht hatte sich auch mein Umfeld verändert. Meine Freunde prahlten zwar allesamt mit sündteuren Sportgeräten und Bikes – und trotzdem handelten ihre Erzählungen nie davon, dass sie diese tatsächlich benutzten. Der einzige »Sport«, den wir gemeinsam regelmäßig betrieben, war, in Restaurants zu sitzen und gemeinsam gutes Essen und Getränke zu genießen. Manche gingen auch regelmäßig ins Fitnesscenter oder waren zumindest angemeldet so wie ich. Ich dachte nach, wann diese Rituale Normalität geworden waren und wann andere Aktivitäten und eigene Vorstellungen der Freizeitgestaltung aufgehört hatten. Meine Gedanken schweiften zurück bis in die Studentenzeit. Die leistbaren Ausflüge, die wir damals unternommen hatten, waren irgendwann kein Thema mehr gewesen. Und heute wären sie ohnehin längst viel zu »alternativ«. Jetzt führte eine Ausflugsfahrt höchstens in die Südsteiermark zu einer dreitägigen Weinverkostung – oder, wie es in geselliger Runde hieß, zu einem »3-x-14-Stunden-Besäufnis«.

Was war aus meinem Leben geworden? Erneut wurde mir bewusst, wie sehr sich alles verändert hatte.

Als ich auf die Straßenbahn wartete, die mich zum Start meiner Wanderroute bringen würde, fiel mir ein, dass ich schon lange nicht mehr öffentlich unterwegs gewesen war.

Es war ein ungewohntes Gefühl, einen fahrbaren Untersatz mit Dutzenden anderen Menschen zu teilen. Gewohnt war ich meinen offenen Sportwagen, den ich mir so lange zu fahren gewünscht hatte. Als ich ihn schließlich besaß, verspürte ich jedoch nur für kurze Zeit ein echtes Hochgefühl. Und heute war das Auto so selbstverständlich wie damals mein gebrauchter VW-Käfer, den ich als Student gefahren war.

Irgendwie schön ist der Ortsteil Grinzing: wie ein Dorf, das in eine Großstadt eingebettet ist. Meine Stadt, Wien, ist einfach großartig. Rein in den Wald, und meine Gedanken hörten nicht auf, zu wandern. Sie drehten sich um das Gespräch mit Pauline. Vor lauter Gedankenarbeit konnte ich den Weg durch den wunderschönen Wald kaum genießen. Mir fiel auf, dass ich beim Bergaufgehen sehr schnell an meine konditionellen Grenzen stieß. Offenbar war ich nichts mehr gewohnt.

Ich blieb stehen und versuchte, meinen Puls durch bewusstes Atmen zu beruhigen. War das eine Stelle, wie sie Pauline beschrieben hatte? Ein Bach, hohe Bäume, wunderschöner Blick in den Wald. Die Gärten der Häuser hinter mir. Nein. Ich war innerlich völlig aufgewühlt. 15 Minuten waren definitiv zu wenig, um zur Ruhe zu kommen. Ich musste ein wenig über meine Naivität lachen. Was hatte ich mir vorgestellt? Auch das war ein typisches Zeichen der Zeit, in der wir lebten: die Erwartung, dass sich alles in kürzester Zeit reparieren lässt. In kürzester Zeit oder mit viel Geld. Instant Healing. Aber diese Erwartung war ein Trugschluss, wie mir seltsamerweise gerade jetzt sehr bewusst wurde. Der Weg in den Wald war buchstäblich kein Katzensprung und nicht leicht – durfte vielleicht gar nicht leicht sein, damit er als etwas Besonderes und Wertvolles erlebt werden konnte.

Motiviert setzte ich den Aufstieg fort und kam an einen Aussichtspunkt. Die Stadt lag mir buchstäblich zu Füßen. Es war ein wunderschöner Anblick, als sich der Horizont weitete und der Weg einen Blick auf Bäume und das Panorama

Wiens freigab. Durch den Wald sah ich auf einer Lichtung eine kleine Kapelle und wollte sie mir näher ansehen. Plötzlich verspürte ich den Drang, zu singen. Dieses Gefühl war mir neu. Dass ich ab und zu spontan bei Liedern, die ich im Radio hörte, mitsang, kam vor. Aber nun verspürte ich das Verlangen in mir, meinen Gedanken Ausdruck zu verleihen und selbst den Ton anzugeben. Ich hörte mir selbst zu, wie ich vor mich hin summte.

Das alles verwirrte mich. Die Gesamtheit an Eindrücken und Erfahrungen ließ mich von meinem eigentlichen Vorhaben abschweifen. Das viele Außen hielt mich davon ab, in mein Innerstes vorzudringen. Das Summen beruhigte mich irgendwie. Ich bin kein besonders religiöser Mensch, aber das Singen in der Gruppe hatte mich als Kind bei den Messen fasziniert. Es brachte einen zu sich und gleichzeitig eine Gruppe wildfremder Menschen auf einen gemeinsamen Nenner. Die Kapelle war mit einer Kette gesichert und nicht begehbar. Sicherheit über alles. Die Angst vor Zerstörung ließ die Möglichkeiten zur Einkehr sukzessive verschwinden.

Mein Blick fiel auf ein Restaurant mit Aussichtsplattform. Ich beschloss, mir drinnen einen Espresso zu gönnen. Die Mehlspeise würde ich mir sparen. Ich musste auf meine Linie achten. Selbst als die Kellner endlose Teller von Apfelstrudel an mir vorbeitrugen, blieb ich eisern und sah mir plötzlich dabei zu, wie ich dieses Gefühl der Selbstdisziplin gleichzeitig stolz genoss und vehement ablehnte. Warum gönnte ich mir eigentlich nichts? Und warum war ich an einem Tag, der ganz mir gehörte, dermaßen verkrampft?

Ich trank meinen Kaffee aus und schulterte den Rucksack. Die zweite Aussichtsplattform ließ ich unbesucht. Ich hatte ganz andere Aussichten im Sinn. Und es war mir jetzt klar, dass sie nicht bequem zu erreichen waren. Also, hinein in den Wald. Mein Weg führte mich über einen Berg, der seinen Namen nicht so wirklich verdiente. Würde man Menschen aus den Bergregionen fragen, ob sie diese Erhebung in der Landschaft als »Berg« bezeichnen würden, würden sie sich zerkugeln vor Lachen. Aber bestiegen werden musste auch dieser Hügel. Und während ich bei dem Anstieg ins Schwitzen kam, dachte ich über wahre Größe nach und ob sie wirklich in Metern messbar war. Selbst kleine Hindernisse kosten oft Überwindung und Kraft. Und gerade sie bilden für viele einen Stolperstein auf dem Weg zu größeren Herausforderungen. Von diesen Gedanken begleitet, war ich schließlich stolz, als ich den Kogel bezwungen hatte. Denn es war der erste seit Jahrzehnten gewesen, den ich überhaupt in Angriff genommen und auf dessen »Gipfel« ich es geschafft hatte.

Je länger ich unterwegs war, desto mehr ließ ich mich auf das »Waldgefühl« ein. Und je weniger Menschen ich begegnete, desto ruhiger wurde es in mir. Ich summte wieder und genoss das Vibrieren, das es in mir auslöste. Es entspannte mich und half mir, mich ganz zu fühlen. Plötzlich hatte ich die Phrase »summa summarum« im Kopf und musste über das Wortspiel lächeln.

Abseits des Weges entdeckte ich eine kleine Lichtung und verließ den gekennzeichneten Pfad. Hier fühlte sich alles noch ruhiger an. Ich setzte mich auf einen umgestürzten Baumstamm und stellte meinen Rucksack neben mich. Ein idealer Ort, um Pause zu machen.

Nach einem Schluck aus meiner Flasche und einem herzhaften Biss in den mitgebrachten Apfel holte ich mein schwarzes Notizbuch heraus. Diese Bücher liebe ich seit dem Studium. Aber obwohl ich jede Menge davon besaß, hatte ich aufgehört, sie zu benutzen, weil sie irgendwie aus der Mode gekommen waren. Ich setzte die Mine meines Kugelschreibers auf das Papier. Stopp! War das nicht der falsche Ansatz? Es hatte doch geheißen, ich solle nicht überlegen. Aber, wie funktioniert »Nicht überlegen«? Ich machte die Augen zu und bemühte mich, an nichts zu denken und einfach nur zu sein. Ein furchtbares Gefühl, dieses »Leer«-sein-Wollen. Ich riss die Augen wieder auf, probierte, ruhig zu atmen, und ließ die Umgebung auf mich wirken. Vielleicht war es ein grundfalscher Ansatz, etwas zu »wollen«. Also saß ich einfach nur da. Ohne Absicht, ohne Ziel und ohne »Müssen«.

In mir stieg eine Ruhe auf, wie ich sie schon lange nicht mehr gespürt hatte. Meine Schultern entspannten sich, und eine leise Zufriedenheit kehrte ein. Bis jetzt war der Ausflug lohnend gewesen. Ich weiß nicht, was ich genau erwartet hatte, aber ich hatte zumindest erreicht, dass ich *mich* wieder spürte, anstatt nur das Rundherum. Ich bin nicht anfällig für esoterische Eskapaden, bei denen man sich selbst in der Wildnis findet. Aber das hier war echt. Und ich beschloss, es zu genießen.

Nach 15 Minuten hatte ich genug. Ich packte Buch und Stift ungenutzt in den Rucksack und kehrte zurück auf den markierten Pfad. Nach ein paar Minuten erreichte ich eine große Wiese, auf der es sich viele Ausflügler mit Picknickkörben und Decken gemütlich gemacht hatten. Ein Vater ließ mit seinem Sohn sogar einen Lenkdrachen steigen. Ich hatte Bärenhunger und bereute es, nichts außer Obst als Proviant eingepackt zu haben. Immerhin entdeckte ich eine freie Bank mit einem herrlichen Ausblick auf meine Stadt und machte es mir gemütlich. Ich drehte mich zur Sonne, machte die Augen zu und tauchte in die Geräusche ringsherum ein. Es war ein schöner Tag.

Auf dem Rückweg zur Straßenbahn kam mir plötzlich wieder ein Lokal in den Sinn, das ich früher gerne besucht hatte. Ein rascher Blick auf den Fahrplan bei der Haltestelle zeigte mir, dass es auf dem Weg lag. Kurze Zeit später saß ich dort, trank ein kühles Weißbier und gönnte mir ein verspätetes Mittagessen. Während ich die Gabel zum Mund führte, wurde mir bewusst, dass ich schon sehr lange nicht mehr verschwitzt und mit Wanderschuhen in einem Lokal gesessen war. Kein Anzug. Kein »Schickimicki«. Nur ich. Herrlich.

Als sich neue Gäste an den Nebentisch setzten, und ihnen die Speisekarte gereicht wurde, fiel mir mein mitgebrachtes Notizbuch wieder ein. Ich nahm es heraus, zückte meinen Stift und begann, zu schreiben.

»Ich wünsche mir mehr Natur. Ich wünsche mir mehr solche Momente der Ruhe und Einfachheit.«

Mehr kam nicht. Aber damit war die Essenz dieses Tages auf den Punkt gebracht. Drei Weißbiere später beschloss ich, zu Fuß nach Hause zu gehen. In meiner Wohnung angekommen, nahm ich mein Handy zur Hand. Es war den ganzen Tag ausgeschaltet gewesen. Während ich unter der Dusche war, trudelten die Nachrichten des Tages ein. Ich war mit meiner Freundin zum Abendessen verabredet und sollte danach Freunde treffen.

Als ich mir die Haare abtrocknete, bohrte sich mir ein Gedanke ins Hirn, der mich gleichzeitig schockierte und befreite. Mir war urplötzlich klar, dass ich die Beziehung zu meiner Freundin beenden würde. Ich hatte in den drei Jahren, in denen wir ein Paar waren, noch nie zuvor darüber nachgedacht, ob sie die »Richtige« war oder nicht. Die Beziehung hatte sich ergeben, dann waren wir »zusammen« und wir kamen gut miteinander aus. Die Frage, ob es tatsächlich Liebe war, hatte sich für mich so nie gestellt. Es war, wie es war. Und jetzt war es plötzlich anders. Das, was in meinem Leben längst nicht mehr passte, schloss auch sie mit ein.

Die Distanz der letzten Wochen hatte mir gezeigt, dass sie eine nette, angenehme und herzliche Frau war. Aber es war keine Liebe im Spiel – höchstens eine leise Verliebtheit und Sehnsucht nach dem, was sein könnte. Doch das – so war mir jetzt klar – war mir auf Dauer zu wenig. Ich dachte an meine Eltern und ihre Beziehung. Sie strahlten in ihrer Zweisamkeit nicht immer Glück aus – eher eine eingeübte Verschworenheit. Auch diese hatte ihren Reiz und ihre Qualität, aber ich hatte es immer so erlebt, als ob ihnen die wahre Essenz der Liebe fehlte. Und nun erkannte ich, dass es in meiner Beziehung ähnlich war. Ich wollte in einer Beziehung Liebe erleben und hatte mich mit dem zufriedengegeben, was diesem Zustand am nächsten kam. Doch, das war mir nicht genug. Und nun konnte ich es mir endlich eingestehen.

Beim Abendessen saß ich meiner Freundin gegenüber und erlebte frustriert den Kontrast zwischen dem ungezwungenen Tag am »Himmel« und der verkrampften Beziehung. Ich fühlte mich unwohl, unentspannt und fehl am Platz, und wusste, dass ich so nicht weitermachen konnte. Keinen einzigen Tag. Auch ihr blieb nicht verborgen, dass mich etwas quälte. Also sprach ich aus, was ausgesprochen werden musste. Ich bemühte mich um Wertschätzung und Klarheit, erklärte ihr meine Situation und meine Gedanken der letzten Tage und auch das Gefühl der Leere der letzten Wochen. Sie verstand es nicht. In ihrer Welt war alles in Ordnung. Sie hörte mir gar nicht wirklich zu, sondern zählte die Vorteile auf, die wir durch unser Miteinander hatten. Immer wieder erzählte ich ihr von meinen neuen Prioritäten, aber sie stieg nicht darauf ein. Entweder waren sie ihr egal oder sie sprengten ihr Vorstellungsvermögen. Für sie war alles perfekt. Das Wort »Midlife-Crisis« stand plötzlich im Raum.

Ich dachte mir: Ist eine Sinnfrage wirklich immer eine Krise? Nein. Zu hinterfragen, ob das noch richtig ist, was man macht, ist doch nicht automatisch eine Krise. Es ist eine Standortbestimmung in meiner Wahrnehmung. Nichts konnte mir meinen Entschluss zur Trennung besser bestätigen als diese Reaktion. Irgendwie war die Hoffnung da gewesen, dass sie mich versteht, und es ihr ähnlich gehe. Die Hoffnung, dass sie mit mir nachdenken wollte, wie wir unsere gemeinsamen Interessen besser zusammen entdecken und in die Beziehung einbringen könnten. Wir hatten schon lange keine richtigen Paargespräche mehr miteinander geführt. Was wollten wir miteinander erreichen? Solange sich alles an der Oberfläche bewegte, hatten wir funktioniert. Aber ich wollte keine Beziehung an der Oberfläche und ich wollte kein Funktionieren mehr. Ich wollte Gemeinsamkeiten, Gefühle und Intensität. Ich wollte Liebe und Klarheit.

Es tat weh, auf diese Art und Weise auseinanderzugehen. Da wir nicht gemeinsam wohnten, ging alles auch sehr rasch. Aber es war ein Schritt in die richtige Richtung für mich. Das Treffen mit meinen Freunden sagte ich ab. Mir fehlte die Energie dazu, meine Beweggründe erklären zu müssen. Wahrscheinlich hätten sie diese auch nicht wirklich verstanden. Anderen zu erklären, was sich für mich geklärt hatte, erschien mir momentan so gut wie unmöglich. Vor ein paar Wochen hätte ich mich noch selbst für verrückt gehalten.

Wir fuhren zu mir nach Hause, und sie packte ihre Sachen zusammen. Es waren weniger, als ich geglaubt hatte. Als die Tür hinter ihr ins Schloss fiel, beschloss ich spontan, meine Eltern anzurufen. Auch das hatte ich schon lange nicht mehr gemacht. Meistens erkundigten sie sich im Abstand von ein bis zwei Wochen telefonisch, wie es mir ging, und ich stand Rede und Antwort. Sie waren angenehm überrascht, dass ich mich aus eigenen Stücken meldete. Es war ein ruhiges, angenehmes Gespräch, bei dem ich mich angenommen und geborgen fühlte. Ich erzählte dieses Mal nichts von der Arbeit, sondern, wie es mir ging. Als sich meine Mutter nach meiner Partnerin erkundigte, sagte ich ihr, dass ich die Beziehung beendet hatte.

Sie sagte nur: »Gut.«

Dieses Wissen, ihr nichts erklären zu müssen, genoss ich sehr. Sie nahm mich so, wie ich war.

Den Tag beendete ich auf der Terrasse mit einer Flasche Wein, dem wohligen Nachhallen der Tagesenergie und dem Gefühl, eine wichtige und richtige Entscheidung getroffen zu haben.

Eines meiner Lieblingslieder kam aus den Lautsprechern meiner Musikanlage. Es passte perfekt zu meiner derzeitigen Stimmung und sagte genau aus, was ich mir im Moment dachte. Ich war wieder blank und unbeschrieben. Alles war möglich, und doch war ich hier. Ich wollte meine Stimmung festhalten und etwas schreiben, doch es kam nichts. Aber das war in Ordnung. Entspannt blickte ich auf die leere Seite. Ich wusste, es würden zu gegebener Zeit noch viele Worte kommen und es würde noch viel passieren. Was – das war mir noch nicht klar. Trotzdem fühlte es sich schon jetzt richtig an.

Am nächsten Tag stand ich – obwohl Sonntag war – sehr viel früher auf als gewohnt und machte mich erneut auf den Weg nach Grinzing, in mein Dorf in der Stadt. Die Bewegung in der Natur tat mir gut, daher kostete es mich keine Überwindung, so früh meine Sachen zu packen und loszustarten. Im Gegenteil: Das Gefühl, alleine die Gegend zu genießen, zog mich richtig in den Wald. Ich schlug den gleichen Weg ein wie am Tag zuvor. Das Gefühl und die Erlebnisse waren ähnlich. Diesmal fiel mir jedoch das Schreiben bedeutend leichter.

All das wurde zu einem Ritual, das ich so gut wie jede Woche wiederholte. Manchmal nahm ich den gleichen Weg, manchmal nahm ich andere Abzweigungen und ließ mich treiben. Diese Ausflüge verschafften mir eine neue Sichtweise auf meine Wünsche.

Unter der Woche zog ich mich in meine vier Wände zurück und schrieb nieder, was mich beschäftigte. Es tat mir gut, Zeit mit mir zu verbringen. Das, was ich zu Papier brachte, ergab nicht immer Sinn. Meine Wünsche erschienen mir oft verworren und unzusammenhängend. Darunter waren Wünsche wie »tauchen lernen und zwei Monate in schönen Tauchgebieten zu tauchen«, »mit dem Zug durch Österreich zu fahren, um mein Land noch besser kennenzulernen«, »alte Mehlspeisen aus meiner Kindheit zu kochen und mit Freunden zu teilen«, »bei einem Rally-Rennen dabei zu sein«, »eine berufliche Aufgabe zu haben, die mich fordert und gleichzeitig auch eine Expertenposition bietet«. Oft führten mich Geschichten zu meinen Wünschen, oder ich sah etwas, das mich an eine Zeit erinnerte, in der ich andere Vorstellungen hatte als heute. Mal war ich Kind, mal reicher Schnösel, mal Student – bei jedem Wunsch durfte ein Persönlichkeitsanteil von mir Raum einnehmen. Stand es mir zu, zu werten? Laut Pauline sollte ich ja einfach nur schreiben. Trotz der Vielfalt der Wünsche blieb ich dran – den viel zitierten »roten Faden« fand ich in meinen eigenen Niederschriften allerdings noch nicht.

Nach vier Wochen hatte ich den Eindruck, dass ich die mir gestellte Aufgabe nicht wirklich zufriedenstellend gelöst hatte. Allerdings war die Zeit, die ich mit mir verbracht hatte, so bereichernd gewesen, dass mir das konkrete Ergebnis gar nicht mehr so wichtig erschien. Durch die Gespräche mit mir hatte ich das Gefühl, dass ich mich mit jemandem ausgetauscht hatte, der mich wirklich versteht.

Ein paar Tage später rief ich Pauline an. Sie hob ab und begrüßte mich hörbar erfreut.

»Wie geht es dir?« Bei ihr klang das nie nach einer Floskel. Es war ihr offensichtlich wichtig, wie es mir ging.

»Gut und schlecht«, war meine ehrliche Antwort. »Hättest du wieder Zeit für mich? Ich kann deine Aufgabe nicht bewältigen. Ich glaube, ich brauche einen Impuls, um weiterzukommen.«

Wir verabredeten uns für den nächsten Abend. Mich verblüffte es immer wieder, wie schnell unsere Termine zustande kamen. Es fühlte sich stets so an, als hätte Pauline nur auf meinen Anruf gewartet. Tags darauf saßen wir uns persönlich gegenüber. Es hatte etwas Magisches. Aber sie war zweifelsohne real. Google sei Dank hatte ich ein bisschen recherchiert: Sie hatte zwar keine eigene Website, wurde aber in vielen Kommentaren anderer erwähnt – und das sehr wertschätzend und positiv. Sie beriet eine Reihe von bekannten Persönlichkeiten. Was sie dabei genau machte, war mir nicht klar, aber vermutlich lief es ähnlich ab wie bei mir. Pauline war regelmäßige Teilnehmerin in Diskussionsrunden und hielt Vorträge. Sie hatte einen Namen in ihrer Branche.

Ich war nervös, als ich mich an unseren Tisch setzte. Immerhin hatte ich nach meinen Online-Recherchen noch mehr das Gefühl, dass Pauline eine besondere Frau war. Wie gewohnt hatten wir uns in einer kleinen Trattoria verabredet. Ich bestellte eine Flasche von jenem Wein, der uns das letzte Mal so gut gemundet hatte, und knabberte gedankenverloren an einem Grissini, als sie das Lokal betrat.

»Du schaust gut aus«, sagte sie lächelnd. »Viel klarer und zufriedener. Was ist passiert?«

»Hallo Pauline. Ich habe Wein bestellt. Ich hoffe, das ist in deinem Sinne.«

»Ja. Verzeih. Ich vergesse oft durch meine Direktheit und Freude den normalen Weg der Begrüßung. Erzähl! Was ist passiert?«

Ich erzählte ihr, was ich bisher alles unternommen hatte, um meine Wünsche zu finden. Während des Berichts schwankte meine Stimmung zwischen Zufriedenheit und Niedergeschlagenheit. Sie merkte mir an, dass mir das fehlende Ergebnis zu schaffen machte. Doch Pauline schmunzelte, und ich hatte das Gefühl, dass sie sich teilweise bemühen musste, ein Lachen zu unterdrücken. Schließlich prustete sie los.

»Lachst du mich aus?«

»Ja und nein. Nimm es mir nicht übel. Wir leben über Jahre hinweg in einer Welt, die wir nicht mehr kontrollieren können, und erwarten uns nach ein paar Spaziergängen die große Erleuchtung. Genau damit verdienen viele Seminaranbieter ihr Geld. Das kann einfach nicht funktionieren. Es ist ein Prozess, der in dir abläuft und der seine Zeit braucht. Betrachte es so: Du siehst fantastisch aus, hast Farbe bekommen und strahlst ein wenig von innen. Du bist vorangekommen. Mehr, als dir bewusst ist.«

Ich dachte über Paulines Worte nach, und sie erschienen mir plausibel.

»Meine Vorgaben dienen dazu, den Prozess zu starten. Dein Kopf braucht eine Aufgabe, deine Seele aber Zeit und dein Körper die Ruhe der Natur, damit er sich regenerieren kann. Nur dann hast du die Unterstützung, die du brauchst. Ehrlich gesagt, ist in der kurzen Zeit bei dir mehr passiert, als ich erwartet hatte. Hast du mehr Klarheit für deine Wünsche erlangt?«

»Ein wenig. Aber es war weniger der große Wurf, sondern eher eine Summe aus vielen kleinen Wünschen: Natur, Freunde für tiefer gehende Gespräche, Liebe, Geld, ein guter Job, Freizeit ...«

»Ich habe es immer interessant gefunden, dass viel Geld für die meisten meiner Interviewpartner nicht der dringlichste Wunsch war. Glücklich zu sein, Spaß an seinem Tun zu haben, nicht stehen zu bleiben, andere Wege zu gehen und sich selbst und das Leben nicht so ernst zu nehmen spielten viel größere Rollen.«

»Wenn es nur so leicht wäre, sich in eine bestimmte Richtung auf den Weg zu machen.«

»Bleib einfach! Es sind gerade die einfachen Dinge, die für die Wunscherfüllung wichtig sind. Erst danach kommt der Erfolg und somit auch das Geld. Fast allen ist es äußerst wichtig, sich auf dem eigenen Weg treu zu bleiben. Denn dieser Weg hat Einfluss auf alle Entscheidungen: Freunde, Job, Beziehung. Gut verdienen will letztendlich jeder, aber jeder will dabei trotzdem das machen, was Spaß, Leidenschaft und Erfüllung bringt.«

Ich stimmte jedem Wort zu. Doch genau das war der Aspekt, bei dem ich momentan feststeckte. *»Aber ich habe das Gefühl, dass ich mit meinen Leidenschaften nicht mehr massentauglich bin.«*

Pauline lächelte: »Egal, was es ist: Du kannst es nur nach außen vertreten, wenn du zu 100 Prozent dahinterstehst. Und gerade, wenn es nicht dem Mainstream entspricht, ist es wichtig, zu spüren, dass dir wichtig ist, was du machst. Du musst deine Leidenschaft spüren. Doch dafür musst du sie erst finden und ihr einen Namen geben.«

»Und dann kommt der Erfolg von selbst?«

»Über Erfolg wird nicht gerne gesprochen. Eher über die eigenen Werte. Viele hecheln nach Erfolg, viele wollen immer mehr und mehr, und doch weiß kaum noch jemand, was es für einen selbst bedeutet, erfolgreich zu sein und seine Wünsche zu leben. Du solltest für dich definieren, was Erfolg für dich bedeutet. Ist es Geld, ist es Zufriedenheit, ist es viel Freizeit, ein großes Auto zu fahren …? Was ist für dich Erfolg?«

»Ich habe das nie definiert für mich. Erfolg war immer Geld, Position und Macht. Aus der Sicht anderer bin ich wahrscheinlich erfolgreich. Doch selbst fühlte ich mich plötzlich komplett auf dem Holzweg.«

Pauline lächelte wieder: »Genau. Meinen Zugang kennst du ja mittlerweile: Wenn du das tust, was dir Spaß macht, und du deinen Wünschen treu bleibst, kommen auch das zum Überleben notwendige Geld und der Erfolg, den man für sich definiert hat. Dennoch glauben viele Menschen, es reicht, etwas mit Inbrunst zu machen, damit sich die Millionen quasi von selbst verdienen. Aber es gehören schon noch ein Stückchen Glück und harte Arbeit dazu. Meine Erfahrung ist, dass Menschen, die eine Idee in sich tragen, Spaß an der Umsetzung dieser Idee haben, einen guten Businessplan machen und dann mit dem Business starten, sehr rasch davon leben können. Natürlich kann nicht jeder mit einer guten Idee Millionen verdienen. Aber der unermessliche Reichtum ist auch sehr selten das Ziel dieser Menschen. Als Friseurin kann ich gut leben, wenn ich meinen Job mit Spaß und Engagement ausübe. Reich werde ich auf diesem Weg sicher nicht. Aber, was definiere ich als Erfolg?

Viele sind glücklich, wenn sie ausreichend Geld zum Leben und dafür viel Freizeit haben. Meine Interviewpartner sind nicht alle Millionäre, sondern haben Spaß an dem, was sie tun, und verdienen ihr Geld, um nach ihren Vorstellungen angenehm zu leben.«

Wir schwiegen beide für einige Sekunden. In meinem Kopf rasten die Gedanken: Wie geht es mir? Bin ich glücklich mit dem, was ich mache? Macht mir meine Arbeit, mit der ich Geld verdiene, Spaß? Oder gehe ich zur Arbeit, um das Geld dann für Spaß auszugeben?

Pauline schien zu spüren, was mich beschäftigte: »Viele Menschen sparen ihr hart verdientes Geld, um sich irgendwann Spaß leisten zu können. Wie wäre es aber, wenn dir der ganze Tag Spaß machen würde – oder zumindest 70 bis 90 Prozent des Tages? Würdest du dann noch das Geld für eine Bespaßung deines Lebens benötigen?«

Pauline wollte keine Antwort von mir. Das war mir klar. Es war ein Impuls, der mein ganzes Ich und meine Gedanken in Schwingung bringen sollte. Und, wie es schwang! Ein paar Sätze reichten, und meine innere Blockade wurde gesprengt. Wie machte sie das? »Du hast so recht! Ich kenne Menschen, die sparen das ganze Jahr für zwei Wochen Urlaub, um sich von den 50 Wochen, die sie unglücklich in verhassten Jobs verbringen, zu erholen. Unglaublich, wenn man sich das bewusst macht. Okay, zugegeben, die 50 Wochen bestehen nicht ausschließlich aus Unglück. Die Wochenenden werden ja mit Spaßtools gefüllt: Mountainbikes um mehrere Tausend Euro, Smartphones, Computer mit Obstlogos, Markenkleidung, deren Namen viele gar nicht fehlerfrei aussprechen können, und natürlich den Kurzzeitausstieg Wellnessurlaub. Wir arbeiten für all diese Dinge, um dem Gedanken an die Arbeit zu entfliehen.«

»Du sagt es.« Jetzt hielt sich Pauline zurück. Sie sah, dass sich in mir eine Schleuse geöffnet hatte. Und es sprudelte mächtig.

Könnte ich wirklich ohne all diese Dinge Spaß in meinem Leben haben? Wollte ich das überhaupt? Wäre das tägliche Tun ausreichend, um glücklich zu leben? Wie würde mein Leben aussehen, wenn ich die Spaßtools reduzieren würde? Bücher statt Fernsehen, Kultur statt Werbung, tief gehender Austausch mit wichtigen Menschen statt oberflächlicher Social-Media-Massenkommunikation, bewusstes Genießen statt stundenlangem Shopping, Radausflüge statt dreitägige Wellnessurlaube im Viersternehotel. War ich wirklich bereit für einen derartigen Umsturz in meinem Lebensgefühl? Zögernd akzeptierte ich das große »Nein«, das in mir aufstieg. Ich hatte keine Lust auf ein Dasein als Asket, der ein schmuckloses Leben führte.

»Aber ich will nicht komplett auf Luxus oder Spaßtools verzichten!«, hörte ich mich sagen.

Pauline blieb zurückhaltend: »Nein? Was willst du dann?«

»Ich will mir bewusst werden, ob diese Tools ein notwendiger Zwang sind, um meinen Alltag zu ertragen, oder ob sie eine ›Nice to have‹-Ergänzung zu meinem Leben sind. Mir fällt jetzt im Zuge unseres Gesprächs auf, dass ich ziemlich geübt darin bin, mich abzulenken.«

Pauline nahm einen Schluck Wein und ließ nur ein unscheinbares »Ach?« hören.

»Ablenkung verhindert, dass ich zu viel über den Kern meiner Wünsche nachdenke. Aber, warum eigentlich? Wahrscheinlich habe ich Angst davor, zu der Erkenntnis zu gelangen, etwas verändern zu müssen, um glücklich zu werden und um wieder 52 Wochen im Jahr Spaß zu haben.«

»Gut erkannt. Willst du immer Spaß haben? Oder reicht dir auch eine Zufriedenheit? Immer Spaß ist für manche anstrengend. Vielleicht ist Freude ein besserer Ausdruck.«

Ich dacht darüber nach: »So kam es ja zum Entschluss, die Beziehung mit meiner Freundin zu beenden. Ich habe nur 30 Prozent wirklich spannend an ihr gefunden. Der Rest war ablenkende Bespaßung. Wahrscheinlich ist das für viele eine solide Basis für eine Beziehung, aber mir ist es jetzt einfach zu wenig – auch wenn das nicht viele verstehen würden. Ich hatte wenig Freude mit unseren Treffen. Es war nett. Nett reicht mir nicht für den Rest meines Lebens. Freude finde ich eine weichere Art der Definition.«

Pauline nahm das Gespräch wieder in die Hand: »Mir gefällt in diesem Zusammenhang ein Zitat von Robert Jungk sehr gut, weil es klarmacht, dass wir manchmal Außenseiter in unserem eigenen Leben sind: ›Gesellschaftliche Veränderung fängt immer mit Außenseitern an, die spüren, was notwendig ist‹ – die großen Erfinder waren Außenseiter, die ihren Weg gegangen sind.«

Der Vergleich mit großen Erfindern erschien mir im Vergleich zu meinem Entschluss, die Beziehung zu beenden, etwas zu hoch gegriffen, aber ich wusste, was sie mir sagen wollte.

»Verzichte nicht auf Luxus, sondern leiste dir mehr Spaß und Freude in deinem Leben. Das war die Kernaussage in den Interviews: *Spaß ist der Erfolgsfaktor Nummer eins.* Was auch immer deine große Antriebsfeder ist: Erfolg bedeutet, das zu erreichen, was ich mir wünsche – bei einem Marathon durchs Ziel zu laufen oder ein Buch gelesen zu haben. Erfolg definiert jeder für sich. Spaß bedeutet nicht, dass 24 Stunden Lachen und Schenkelklopfen angesagt sind, sondern, dass du das, was du machst, gerne machst und sich währenddessen ein automatisches Wohlfühlen einstellt. Wenn du mit Menschen sprichst, die diesen Zustand leben, merkst du sofort, dass sie sich am richtigen Platz fühlen. Sie sind ›angekommen‹. Man spürt eine individuelle Grundzufriedenheit, aus der diese Menschen Energie beziehen – und die ihnen die Kraft gibt, auch schlechte Tage zu überstehen.«

Genau das war der Zustand, den ich erreichen wollte. Genau dort wollte ich mit meinem Leben hin. »Du sprichst immer von Zufriedenheit. Aber, wie messe ich meine Zufriedenheit? Wann weiß ich, dass ich am Ende aller Wünsche angekommen bin? Eine 100%ige Glückseligkeit erscheint mir geradezu absurd.«

»Da hast du recht. Wenn du nur mehr auf Wolke 7 schwebst, bist du im anderen Extrem. Aber zumindest zu 70 Prozent solltest du mit deinem Leben zufrieden sein. In allen Bereichen. Also: Beziehung 70 Prozent, Job 70 Prozent, Freunde, Familie, Körper, Gesundheit. Wenn du das nicht bist, solltest du schleunigst etwas ändern.«

Ich versuchte, mir eines dieser Tortendiagramme vorzustellen, die ich bei PowerPoint-Präsentationen so hasste. Meine »Zufriedenheitstorte« wuchs und schrumpfte – ich hatte auf die Schnelle keinen Bezugspunkt und keine Orientierung, wo sie aktuell lag. Aber Pauline sprach zügig weiter, und ich verlor das Bild.

»Der Grund, warum manche ihre Wünsche nicht leben und die 70-Prozent-Marke der Zufriedenheit für illusorisch halten, sind Ausreden.«

»Ausreden?«

»Ja. Zum Beispiel: Mir fehlt die richtige Ausbildung, um diesen Beruf ausüben zu können. Oder: Wer soll sich bloß um meine Kinder kümmern, wenn ich diesen Traum lebe? Oder, ein Klassiker: Ich bin zwar nicht mehr glücklich mit meinem Partner, aber wir müssen trotzdem zusammenbleiben. Nachdem du deinen Beziehungsstatus kürzlich bewusst geändert hast, dürftest du schon mal auf dieser Ebene die 70 Prozent erreicht haben.«

»Aber, das sind …«

»… Ausreden. Genau das sind die Gründe, warum manche Menschen ihre Wünsche leben und andere nicht. Es sind Entscheidungen, die sie getroffen haben und die sie nicht mehr bereit sind, zu ändern. Es sind Mauern, mit denen Grenzen gezogen werden, die keine sein müssten. Genau darum darf es für dich keine Ausreden geben!«

Ich ließ Paulines eindringliche Worte auf mich wirken. »Dazu fällt mir ein Spruch von Samuel Johnson ein, der mich beeindruckt: ›Große Werke werden nicht durch Gewalt, sondern durch Ausdauer vollbracht. Derjenige, der mit Entschlossenheit drei Stunden pro Tag vorangeht, wird in sieben Jahren eine Entfernung so groß wie den Erdumfang hinter sich bringen.‹«

Pauline nickte. »Gut auf den Punkt gebracht. Derartige Erkenntnisse hörte ich auch in vielen Interviews. Mir fällt da spontan ein Gespräch mit Dr.in Martina Schmied, Personalchefin der Stadt Wien, ein. Sie hat davon erzählt, wie ihr bewusst wurde, dass es nie zu spät ist, seine Wünsche zu leben und seinen Weg zu gehen. Ihr Lebensweg bestand aus Familie, dazwischen das Studium und dann die – wie sie es selbst bezeichnete – ›späte Karriere‹, die mich persönlich ziemlich beeindruckte. Viele würden sie höchstwahrscheinlich als ›Spätzünderin‹ bezeichnen – für mich ist sie eine Frau, die immer darauf geachtet hat, dass sie Glück aus dem schöpft, was sie tut. Dafür hat sie oftmals Prioritäten gesetzt – zum Beispiel, als ihr klar wurde, dass Kind *und* Studium für sie nicht gleichzeitig möglich sind. Für ihre Umgebung hat sie da anscheinend Abstriche gemacht – für mich hat sie bewusst gelebt, was gerade gut für sie war. Für alles gibt es die richtige Zeit«

Ich versuchte, das Gehörte auf meine eigene Situation umzumünzen: »Ich habe gerade eine Erkenntnis. Dieses ›Eines-nach-dem-Anderen‹, und nicht gleichzeitig alles zu machen, was man möchte, kann sehr unbefriedigend sein, weil man das Gefühl hat, dass ein Aspekt zu kurz kommt. Nach der Auseinandersetzung mit diesem Gefühl, nicht alles zu schaffen, kommt irgendwann das Grundgefühl der Zufriedenheit und als Krönung das Glücksgefühl. Es ist zwar nicht alles auf einmal, wie man es sich vielleicht gewünscht hat, dafür schafft man eines nach dem anderen und kommt trotzdem dorthin, wohin man möchte.« Ich stellte mir die

Frage, wie viel Zeit bei mir wohl für das Durchlaufen dieser Phasen vergehen würde. Im Moment würde ich gerne mit allen meinen Baustellen beginnen und mir alle Wünsche erfüllen. Aber, wäre das sinnvoll? Nein. Es braucht so viel Zeit, wie ich brauche, und Schritt für Schritt, um voranzukommen.

»Schmerzvoll ist nicht das richtige Wort für einen Prozess, der nicht so verlaufen ist, wie man ihn sich vorgestellt hat, weil es die positiven Folgen des Prozesses nicht mit einschließt. Es ist sicherlich kein Spaziergang, aber was ist für dich mit mehr Schmerz verbunden: *Ein Umbruch mit Aussicht auf Glück oder das resignierte Akzeptieren, dass du dein restliches Leben lang unglücklich sein wirst?* Du bist jetzt 36 – rechne dir aus, wie viele Jahre das noch sind!«

Ich überschlug die Jahre im Kopf. Na ja, Halbzeit. Nicht das Ergebnis, das ich mir intuitiv erhofft hatte. Pauline fuhr fort.

»Der Umbruch bringt dich sehr nahe an deine eigenen Bedürfnisse und Vorstellungen. Dafür ist es unerlässlich, dass du Zeit mit dir selbst verbringst. Diese vielen Stunden mit Selbstreflexion sind sicherlich nicht einfach, aber es ist eine lohnende und sinnvolle Investition in die Zukunft.«

»Aber, warum tut das dann kaum noch jemand?«

»Gute Frage. Zeit mit sich zu verbringen, ist als Lebensbestandteil in unserer schnelllebigen Zeit irgendwie abhandengekommen. Wann hast du zuletzt acht Stunden mit dir allein verbracht? Einfach nur du selbst? Ohne Ablenkung. Ohne Social Media. Ohne Einflüsse von außen.«

»In letzter Zeit habe ich das. Aber ohne deine Aufforderung wäre ich nicht auf die Idee gekommen. Allein zu sein ist in unserer Gesellschaft nicht mehr unbedingt positiv besetzt. Man fühlt sich anfangs auch sehr unwohl dabei. Als hätte das Leben einen alleingelassen oder man wäre aus einer Gruppe ausgestoßen. Eine bewusste Entscheidung für ein Alleinsein erscheint den meisten geradezu absurd … bis sie sich darauf einlassen. *Dann ist es nichts, was einem passiert, sondern etwas, das man selbst passieren lässt.*«

»Dabei war es für dich noch relativ einfach«, setzte Pauline nach. »Versetze dich in die Lage einer alleinerziehenden Mutter. Wenn du Verantwortung für Kinder hast, erscheinen dir acht Stunden für dich allein geradezu illusorisch. Dann gibt es viele Ausreden, warum das nicht geht. Aber, wie du siehst, ist alles möglich, wenn man möchte. Hätte ich bei unserem ersten Treffen über so eine ›Auszeit‹ gesprochen, hättest du mich vermutlich für verrückt erklärt. Habe ich recht?«

Ich stimmte ihr lächelnd mit einem leichten Nicken zu. Sie hatte recht. Wir brauchen offensichtlich einen Arschtritt, um zu erkennen, was uns wirklich wichtig ist.

Pauline nippte an ihrem Weinglas. »Was denkst du gerade?«

»Ich denke daran, wohin mich das führt. Und ich frage mich, ob es relevant ist. *Denn letztlich ist der Weg der Auseinandersetzung mit mir und meinen Wünschen die Essenz des Ganzen* – was immer dabei herauskommt. Das Ergebnis wird mir so oder so Spaß machen und mich dort hinbringen, wo ich Energie und Leidenschaft finde.«

Pauline lächelte verschmitzt.

Unterwegs mit mir selbst

Pauline und ich hatten etwas zu essen bestellt. Irgendwie wollte ich unser Gespräch langsam in Richtung Zukunft lenken. Denn trotz aller Erkenntnisse fehlten mir konkrete Anweisungen, wie ich nun weitermachen sollte. Es war irgendwie interessant: In meinem Job traf ich tagtäglich Entscheidungen und hatte keine Probleme damit, einen Weg zu finden. In der Arbeit mit mir selbst gelang mir das nicht. Ich versuchte, diesen Gegensatz in Worte zu fassen: »Ich tue mir ja normalerweise leicht damit, Lösungen zu finden, um etwas zu erreichen. In dieser neuen Denkweise bin ich aber komplett ohne Anleitung. Soll ich nun noch mehr Zeit mit mir verbringen?«

»Ja, es ist neu für dich, und daher fehlen dir Mechanismen, auf die du zurückgreifen kannst. In Zukunft wird dir das leichter fallen. Aber, betrachte es so: Du bist gerade im Stadium des ›Wunschlehrlings‹. Wenn man mit etwas beginnt, ist es wie beim Autofahren: Am Anfang denkst du noch ständig nach, was alles zu tun ist, und irgendwann wird alles Automatismus. Was meinst du: Solltest du nun noch mehr Zeit mit dir verbringen?«

Ja, damit hätte ich rechnen müssen. Bei Pauline gab man sich die wichtigsten Antworten selbst – oder wurde über eine Gegenfrage hingeführt. Aber dann kam doch noch etwas von ihr: »Verbringst du eigentlich noch viel Zeit vor dem Fernseher?«

»Nein, fast gar nicht mehr«, antwortete ich. »Das interessiert mich kaum noch. Ich verbringe jetzt mehr Zeit mit jenen Dingen, die mir wichtig geworden sind: Natur, Sport und Bücher. Ich habe in den letzten Wochen verstanden, wie viel Lebenszeit verloren geht, wenn man täglich ein bis zwei Stunden fernsieht.«

Pauline nickte. »Das deckt sich auch mit meinen Erfahrungen – und mit jenen meiner Interviewpartner. Ing. Karl-Heinz Strauss, Vorstand von Porr, hat mir erzählt, dass er an mehreren Büchern gleichzeitig liest. Das sagt mir, dass er nicht mehr viel Zeit mit Dingen verbringt, die ihn nicht interessieren.«

Ja, Bücher. Das war auch eines meiner Themen. Ich hatte in den letzten Wochen das Lesen wiederentdeckt. In meiner Jugend hatte ich Bücher geradezu verschlungen. Mit dem Aufkommen von Handy, Internet, Chats, Facebook und Netflix war das Lesen aber schleichend in den Hintergrund gerückt. Und doch konnte all die Information in Echtzeit nicht jenes Gefühl ersetzen, das ich allein mit einem guten Buch erlebte. Auch da verbrachte ich Zeit mit mir selbst – in meinem eigenen Tempo, mit meinen eigenen Vorstellungen und Gedanken.

Wie aufs Stichwort fragte Pauline: »Was ist jetzt anders, seit du mehr Zeit mit dir selbst verbringst?«

»Ich schaue mehr auf mich und in mich – und entwickle wieder ein Gefühl für meine Bedürfnisse und Wünsche. Das alles ergibt zwar noch kein klares Gesamtbild, aber es treibt mich an. *Es ist eine Sehnsucht, die nicht immer klar und deutlich zu spüren oder zu erleben ist, aber sie steht nun wieder im Vordergrund, und ich erkenne Stück für Stück, was meinem Leben Sinn gibt.*«

»Und, was nicht«, lächelte Pauline.

»Ja, das auch.« Ich lächelte zurück. »Aber es ist eine Geduldsfrage. Erst auf meiner vierten oder fünften Wanderung durch die Wälder konnte ich erfassen, wie wichtig es ist, Zeit mit sich zu verbringen. Mittlerweile habe ich Vertrauen in diesen Prozess und sein Tempo entwickelt und irgendwie verliebe ich mich schön langsam in das eigene Ich. Was ich in mir und an mir erkenne, gefällt mir einfach sehr gut.«

Pauline nahm einen Schluck Wein. »Daran siehst du, dass du auf dem richtigen Weg bist. Meditieren soll ja eine ähnliche Wirkung haben, aber ich persönlich konnte mich nie damit anfreunden. Vielleicht kommt es jetzt im Alter, dass ich stundenlang ruhig sitzen und an nichts denken kann. Aber ich glaube nicht. Mein Weg ist eher die Ruhe der Natur. Es freut mich, dass er auch dich weiterbringt.«

»Das tut er. Auf einmal sehe ich Lebensabschnitte klarer, als ich sie vorher wahrgenommen habe, erkenne Muster, die mich schon ein Leben lang verfolgen, und mir wird klar, wie sehr diese Fremdeinflüsse meine Entscheidungen und Wünsche abgelenkt haben. Ich war buchstäblich nicht ich selbst.«

Pauline lächelte. »Schön gesagt. Du kannst zwar nichts mehr an deiner Vergangenheit ändern, aber wenn dir bewusst ist, wie du dich der Fremdbestimmtheit ergeben hast, kannst du ab jetzt sehr viel verändern. Allerdings musst du dir immer wieder in Erinnerung rufen, was du wirklich willst. Was sind deine Absichten? Wann bist du ganz du selbst?«

Ich seufzte. »Ja, wenn man das alles nur so einfach aus dem Ärmel schütteln könnte.«

»Nicht aus dem Ärmel. Aus dem Herzen. Du weißt ja, dass ich vielen Menschen begegne, die genau in dieser Situation sind. Sie sind nicht mehr glücklich mit dem, was sie machen. Sie wollen eine neue Aufgabe, einen neuen Sinn oder grundsätzlich etwas Neues, um ihr Leben freier und erfüllter zu genießen. Was würdest du nach deiner jetzigen Erfahrung diesen Menschen raten?«

Ich nahm einen großen Schluck Wasser und ging kurz in mich. »Zunächst würde ich sie fragen, was ihnen in der jetzigen Situation noch Freude macht. Das war eines der ersten Aha-Erlebnisse, die ich hatte. Vor lauter Unzufriedenheit war mir nicht mehr bewusst, dass es überhaupt noch Freude gab. Aber natürlich gab es welche. Ich hatte ihr nur keine Aufmerksamkeit geschenkt.«

»Wie führt man sich selbst dorthin?«

»Ich würde sie einfach frei von der Leber weg erzählen lassen, wie es ihnen geht. Dabei wird klar ersichtlich, wo der Schmerz sitzt. Ich habe das erst nach ein paar Gesprächen mit dir bemerkt, aber offensichtlich zeigt sich der Schmerz beim Erzählen. Du wusstest als gute Zuhörerin und Beobachterin immer, welche Aspekte meines Lebens schmerzbehaftet sind. Und dadurch wurden sie gleichzeitig auch mir stärker bewusst. Es war eine Art Rückkopplung: Ich erlebte im Erzählen die Situationen teilweise noch einmal und wurde durch deine empathische Reaktion dazu gebracht, ganz genau hinzuschauen.«

»Nur so lassen sich Schmerzen und Ängste auflösen. Durch genaues Hinschauen.«

»Dann würde ich etwas versuchen, das du bei mir nicht so gemacht hast: Ich würde gezielt fragen, was ihnen derzeit Spaß macht, um im Hier und Jetzt zu bleiben. Mitten im Unglück kann es ja noch nicht um die Zukunft oder um konkrete Veränderungen gehen. Wenn ein unglücklicher Mensch schon wüsste, was er ändern will, wäre er ja schon auf dem Weg. Aber, wer am Boden ist, sieht einfach keinen Weg. Dann ist alles einer inneren Realität unterworfen, die sehr stark von gesellschaftlichen Einflüssen und Normen geprägt ist. Darum würde ich versuchen, auf den Spaß zu fokussieren, um eine erste Orientierung zu schaffen.«

»Es freut mich wirklich sehr, dass du so vorgehen würdest. Was glaubst du, was passieren würde?«

»Was immer passiert, wenn man die richtigen Fragen stellt: Man beginnt, nachzudenken. Dabei sprudeln nicht immer sofort konkrete Antworten aus dem Inneren, aber man beschäftigt sich mit jenen Bereichen, in denen der größte Veränderungsbedarf vorliegt. Dadurch bekommt alles eine völlig andere Priorität.

Wie sehen da eigentlich deine Erfahrungen mit Menschen, die sich verändern und mehr Zeit mit sich verbringen, aus?«

Sobald ich die Frage gestellt hatte, war mir klar, dass ich für die Antwort darauf vielleicht noch gar nicht bereit war. Denn jetzt würde ich vermutlich zu hören bekommen, dass sich auch mein Leben radikal ändern würde. Einerseits war mir das klar, und ich wünschte es mir sogar, aber andererseits hatte ich Angst davor. Vielleicht würde mir jetzt unumstößlich bewusst werden, dass mich mein Job nicht glücklich macht. Aber, sollte ich einfach so auf das schöne Einkommen verzichten, um als Yogalehrer nach Griechenland zu gehen? Ich hatte nichts gegen diese Aussteiger, aber es entsprach ganz und gar nicht meiner Vorstellung vom Leben. Mein Kopf war plötzlich voller Gedanken und Bilder.

»Was ist eigentlich richtig oder falsch, Pauline? Wer sagt mir, ob ich das Richtige tue oder komplett falschliege. Irgendwie habe ich vor der ganzen Veränderung Angst.«

»Du wirst die Antwort schon erahnen: Es gibt kein generelles Richtig oder Falsch. Es gibt für jeden einen Weg, der Spaß machen soll. Eine Leitsystemexpertin wird zur Kalligrafieexpertin, schreibt Bücher und erobert damit einen Markt, den es bislang noch gar nicht gab. Ein Manager strukturiert sein Team um und gibt Verantwortung ab, damit er mehr Zeit für die strategische Arbeit hat. Ein Unternehmer verkauft sein Unternehmen, weil er im letzten Drittel seines Lebens der Musik mehr Zeit widmen will. Eine Managerin gestaltet ein neues Feld im Unternehmen, um die in einem Teilbereich ihres Jobs gewonnenen Erfahrungen stärker zu forcieren und anderen zugänglich zu machen. Was haben all diese Menschen aus deiner Sicht gemeinsam? Denkst du, all das wurde durch großen Schmerz ausgelöst?«

»Nun ja. Ich denke, wenn jemand derart starke Veränderungen umsetzt, dann muss der Schmerzfaktor schon beträchtlich gewesen sein. Aber, wie haben diese Menschen gewirkt, wenn sie von ihrem Spaß berichteten?«

»Was glaubst du?«

Warum fragte ich Pauline überhaupt noch etwas? »Leuchtende Augen? Aufrechte Körperhaltung? Sprühende Leidenschaft und eine Art Verliebtheit in die Sache, von der sie erzählen? Ein ganz bestimmtes ›Glühen‹. So war es zumindest bei mir. Ich habe mich ja in letzter Zeit auch mit einigen über Wünsche unterhalten. Wenn Menschen über ihr ›Glühen‹ sprechen, schwingt so etwas wie Spirit mit.«

»Ja, dieser Spirit steht speziell in amerikanischen Unternehmen hoch im Kurs, weil er eine hervorragende Motivation für Mitarbeiterinnen und Mitarbeiter ist. Marken wie Nike, Google, Apple und andere wollen Mitarbeiter, die ›glühen‹ oder die gut zum ›Glühen‹ gebracht werden können. Sie schaffen Anreize und erkennen durch bewusste Angebote, was ein Mitarbeiter benötigt, um gute Arbeit zu leisten. Klar ist das irgendwie manipulativ – aber es funktioniert.«

»Aber, was bedeutet das jetzt konkret für mich? Muss ich mir, wenn ich meinen inneren Spirit wiederfinden möchte und mein ›Glühen‹ wieder erleben will, ein Haus im Wald mieten und dort ein paar Monate allein sein? Oder muss es eine Weltreise sein? Oder reichen mir ein paar Tage am See, stundenlanges Wandern oder der Besuch einer Ausstellung ohne Begleitung? Ich weiß mittlerweile, dass es gut ist, Zeit mit sich zu verbringen, um den eigenen Weg zu finden. Aber ist das ausreichend, um wirklich dorthin zu kommen?«

»Was meinst du?«

Diesmal antwortete ich nicht gleich. Nach einigen Sekunden hob ich das Glas und lachte Pauline zu. »Trinken wir darauf, dass wir alle Antworten in uns haben, aber viel zu selten darauf vertrauen, diese zu leben. Eigentlich sind wir alle ja Schisser, die Angst vor unserem eigenen Leben haben. Zum Wohl.«

Dieses Mal war ich derjenige, der sich verabschiedete. Ich wollte nach dem Essen mit Pauline noch meinen langjährigen Freund Markus treffen, den ich schon ziemlich lange nicht mehr gesehen hatte.

Markus war mir im letzten Drittel meines bisherigen Lebens irgendwie »abhandengekommen«. Vor drei Wochen war er plötzlich wieder aufgetaucht. Ich sah ihn vom Auto aus die Straße überqueren und beschloss intuitiv, den Kontakt wiederherzustellen. Er hatte richtig gut ausgesehen und schien glücklich zu sein. Seine Ausstrahlung hatte mich von jeher beeindruckt. Nun schien sie ausgeprägter und charismatischer denn je. Nach der Zufallsbegegnung hängte ich mich ins Netz und wurde nach kürzester Zeit fündig. Markus hatte inzwischen eine eigene Firma mit rund 100 Mitarbeitern aufgebaut. Sein Industrieunternehmen setzte sich aktiv für nachhaltige Arbeitstechniken und umweltfreundliche Produktionsverfahren ein. Das Internet war voll von anerkennenden Artikeln über ihn. Das beeindruckte mich.

Markus und ich hatten im Gymnasium die Schulbank miteinander gedrückt und hatten uns später auf der Universität wiedergetroffen. Wir waren wirklich gute Freunde – trotz des Umstandes, dass ich viele seiner Ansichten ziemlich radikal fand. Aber egal, wie extrem seine Ideen waren – er war stets voller Euphorie und Leidenschaft. Ich erinnerte mich an viele denkwürdige Gespräche mit ihm. Nach dem Studium verloren wir uns aus den Augen. Meine Interessen hatten sich anderen Themen zugewandt. Ich lernte neue Menschen kennen, und mein Lebensumfeld änderte sich. Wir trafen uns seltener und irgendwann gar nicht mehr. Nun freute ich mich auf das Wiedersehen und war gespannt, wohin er sich entwickelt hatte.

Ich war mit meiner Neugier nicht allein. Markus wartete bereits am vereinbarten Treffpunkt. Wir hatten ein Lokal gewählt, in dem wir früher gemeinsam viel Zeit verbracht hatten. Er sah richtig gut aus. Sportlich, braun gebrannt und voller Lebensenergie. »Was tut sich bei dir?«, platzte er gleich heraus. Wie es aussah, hatte er mich nicht gegoogelt.

Ich erzählte von meinem Werdegang der letzten Jahre. Wie sehr sich für mich alles in den letzten Wochen geändert hatte, ließ ich vorerst einmal weg. Ich war noch nicht bereit dazu, ihm davon zu erzählen. Während meiner Erzählung wurde sein Gesicht zunehmend ernster. Markus fixierte mich, und ich hatte das Gefühl, dass er mir direkt in die Seele blickte. Nachdem ich fertig war, beugte er sich vor, fasste mir an die Schulter und sagte lächelnd: »Es ist schön, dich zu sehen.«

Mir ging es genauso. Seine Nähe war vertraut und angenehm. All die Jahre, die wir uns nicht gesehen hatten, schienen wie weggewischt. Ich spürte, wie ich mich körperlich entspannte. So geht es mir immer bei Menschen, deren Gesellschaft ich genieße. »Was ist bei dir so alles passiert? Von dir liest man ja tolle Sachen im Internet!«

»Kann man das?« Er lächelte. »Mir ist das ja nicht so wichtig, aber meine PR-Agentur wird sich über dein Feedback freuen.« Er lächelte, und zum ersten Mal sah ich einen Hauch von Unsicherheit bei ihm. »Dann hast du ja alles über mein Unternehmen gelesen und bist auf dem letzten Stand über meinen Werdegang.«

»Beruflich, ja. Aber Persönliches steht rein gar nichts über dich im Internet.«

»Ja, das ist mir wichtig. Ich bin verheiratet und habe drei Töchter. Derzeit leben wir in der Nähe unserer Firma, und meine Mädchen sind sechs und zwei Jahre alt. Wir hatten das Glück, dass unsere Jüngsten gemeinsam auf die Welt kamen.«

Ich war überrascht. Markus war in meinem Alter, erfolgreich und hatte schon Familie und drei Kinder. Wann hat er das alles zuwege gebracht? Wann hatte er geheiratet? Mein eigenes Leben kam mir gegen diesen roten Faden und diese Klarheit wie ein komplettes Chaos vor.

Er sah mir meine innere Unruhe an: »Weißt du, ich hatte das Glück, auf einer meiner unzähligen Reisen einen Menschen zu treffen, der mich glücklich macht. Meine Frau ist ein Mensch, der eine ähnliche Wertebasis hat wie ich. Wir ticken aber teilweise sehr unterschiedlich. Daher habe ich vorhin gemeint, dass wir ›derzeit‹ hier leben. Sie ist in dieser Hinsicht sehr flexibel.«

»Das klingt traumhaft.«

»Es ist nicht immer alles pure Harmonie, aber wir können auf die gemeinsamen Werte zurückgreifen, und das festigt unsere Beziehung stets aufs Neue. Nachdem uns das klar war, überlegten wir hinsichtlich des Themas Nachwuchs nicht lange. Du weißt ja: Ich war schon immer ein Verfechter von »No risk, no fun« – und meine Frau ist auch so.«

»Du warst auf Reisen?«

»Ja. Nach dem Studium war ich irgendwie planlos. Die meisten meiner Freunde hatten eine genaue Vorstellung von dem, was sie machen wollten. Mir fehlte das aber komplett. Ich war leer. Irgendwie hat mir der Blick für das große Ganze gefehlt. Auch du wusstest damals genau, wo es hingehen soll. Das war irgendwie unheimlich. Ich dachte mir, wie kann man nur so überzeugt sein von sich.«

Ich führte mir geistig meine derzeitige Situation vor Augen und lächelte verlegen.

»Es war eine seltsame Zeit. Ich hatte einfach keinen Plan, wo es hingehen soll. Nur eines war mir klar: Der Spaß sollte dabei nicht auf der Strecke bleiben. Ich hatte einen Horror davor, vielleicht wie mein Vater 60 Stunden pro Woche arbeiten zu müssen. Seine Kinder waren in tollen Schulen, trugen Markenklamotten, unternahmen aufregende Reisen und lebten in einem schmucken Haus mit Garten. Aber selbst hatte er kaum etwas von diesem Leben. Mir war das zu wenig. Wohin ich in dieser Phase auch schaute: Ich sah überall Leute wie ihn, die sich abrackerten und dabei das Leben verpassten. Also borgte ich mir Geld von meiner Familie, packte die Koffer und setzte mich ins Flugzeug.«

»Dein Vater wird darüber nicht sehr glücklich gewesen sein, nehme ich an. Ein Sohn, der lieber die Welt bereist, als Geld zu verdienen, wird nicht gut angekommen sein.«

»Ganz im Gegenteil: Mein Vater war begeistert und unterstützte mich vorbehaltlos.«

Ich war erstaunt.

»Ihm war bewusst, wie er lebte und was er alles verpasste. Und er erlebte tagtäglich den Druck, unter dem er stand. Den gewohnten Lebensstandard für eine komplette Familie zu erhalten, kostete ihn unheimlich viel Kraft – auch wenn er das vor allen zu verbergen wusste.«

»Und du bist einfach los?«

»Ja. Mit nichts als einem Rucksack. Ich war dann 18 Monate unterwegs.«

»Du hast mir nichts davon gesagt?«

»Da hatten wir uns schon aus den Augen verloren. Und ich wollte zu dem Zeitpunkt einfach nur weg – ohne irgendjemandem etwas erklären zu müssen.«

Das Bedürfnis konnte ich aus aktuellem Anlass sehr gut nachvollziehen. »Aus welchem Grund bist du dann wieder nach Hause gekommen?«

»Eigentlich bin ich das nie so richtig. Ich lebte in Amerika und schaute mir unterschiedliche Unternehmen an. Dabei wurde mir schnell klar, dass ich ein eigenes Unternehmen gründen wollte. Die Freiheit des Reisens war mir sehr wichtig geworden, und ich wollte das nicht durch eine Anstellung gefährden. Ich verbrachte viel Zeit damit, hinter die Kulissen interessanter Unternehmen zu schauen. Da ich ja noch im Studentenstatus war, ging das auch sehr gut. Im Gegenzug wollte man dort etwas über meine Art des Reisens erfahren. Es basierte alles auf einem sehr geringen Budget. Ich hatte mir zu Hause ein wenig Geld geborgt und schaffte es, damit zu überleben und mir das anzusehen, was mir wichtig war. Natürlich musste ich dazu sehr genau planen, wo ich hinwollte. Wurde das Geld knapp, habe ich versucht, neue Wege zu gehen und neue Reisemöglichkeiten zu finden. Über diese Lösungszugänge wollte der eine oder andere etwas wissen. Im Zuge dieser ganzen Erlebnisse kam ich sehr schnell dahinter, dass es mein Wunsch war, etwas zu ›schaffen‹. Es sollte etwas im industriellen Bereich sein und keine Dienstleistung. Schließlich fand ich einen Mentor, der mich bei meiner Idee begleitete und sich meine Wünsche anhörte. Und letztlich investierte er in meine Idee. Ich werde nie seine Worte vergessen: ›Du hast Spirit und Spaß an deinen Vorstellungen. Das kann wirklich was werden.‹ Das war der Start einer kleinen Produktionshalle mit fünf Mitarbeiterinnen und Mitarbeitern.«

»Deine Geschichte erinnert mich an einen Mann namens Damian Izdebski, den Unternehmer der Firma techbold und Gründer der Computerhandelskette DiTech. Meine Begleiterin hat mir von ihm erzählt. Er war nach dem Wirtschaftscrash seines Unternehmens in Amerika, hat dort sein Wissen geteilt und frischen Input & Kraft für sein neues Unternehmen bekommen. Weswegen bist du eigentlich nicht in den Staaten geblieben?«

»Die Frage stellte sich für mich nie. Ich wollte wieder zurück zu meinen Wurzeln. Hier fühle ich mich wohl.«

»War es einfach, das alles aufzubauen?«

»Nein. Aber das war mir egal. Ich hatte Spaß und glaubte an die Sache. Und mir war immer klar, dass das etwas werden würde – auch wenn es eine Zeit lang dauern würde. Ich war so erfüllt von Spaß und Energie, dass gar keine Zweifel am Erfolg aufkamen. Und, wie du siehst, sind wir noch auf dem Markt.«

Seine Augen glänzten, sein Gesicht strahlte, und ich war längst in seinen Bann gezogen. Wenn er mir in diesem Moment einen Arbeitsvertrag vorgelegt hätte – ich hätte sofort unterschrieben. Es war schön, ihn wiederzusehen und seine

Leidenschaft zu spüren. Gleichzeitig führte mir sein Glühen den gewaltigen Kontrast zu meinem eigenen Leben vor Augen: Mein Dasein war geradezu stinklangweilig dagegen. Wann und wohin reiste ich schon? Allerhöchstens in den Urlaub nach Griechenland oder Spanien. Und da verbrachte ich die Zeit in einem Hotel, das in dieser Form in Dutzenden Ländern steht. Erschrocken schnappte ich den Gedanken auf, dass ich dem Vater von Markus mehr ähnelte als ihm – bis auf den Umstand, dass ich noch kein Haus, keine Frau und keine Kinder vorweisen konnte. Trotzdem arbeitete ich nur aus einem Grund – um meinen Spaß finanzieren zu können.

»Alles okay bei dir?« Markus fixierte mich besorgt. »Du verlierst gerade sehr viel Farbe.«

»Verzeih mir, ich dachte gerade daran, was für ein Leben ich eigentlich führe.«

»Und, zu welchem Schluss bist du gekommen?«

Ich seufzte. »Dass ich ganz und gar nicht das lebe, was mich glücklich macht und was mir Spaß bringt. Das geht seit Langem so. Deine Erzählungen haben es mir nur gerade wieder bewusst gemacht. Seit Wochen beschäftige ich mich mit mir selbst, weil ich eine latente Unzufriedenheit erreicht habe, die mich einfach nicht mehr so weitermachen lässt.«

»Was willst du?«

»Ich weiß es noch nicht. Derzeit verbringe ich sehr viel Zeit mit mir und distanziere mich ein wenig von meinem derzeitigen Leben, um es von einer anderen Warte aus betrachten zu können. Das gelingt mir mittlerweile sehr gut, aber mir fehlt der Schlüssel für mein verstecktes Inneres. Irgendwie ist die Suche ein wenig zäh, aber jeder Tag bringt mehr Energie in mein Leben. Es ist anders und irgendwie neu – und es tut mir gut. Und irgendwann werde ich den Schlüssel zu allem finden. Wie war das bei dir damals? Woran hast du dich orientiert, um das zu finden, was dir wirklich Spaß macht?«

»Da kann ich dir keine Faustregel nennen. Irgendwann hatte ich den Punkt erreicht, aber frag mich nicht, wie ich dorthin gekommen bin. Wenn du merkst, dass du Spaß an einer Sache hast, du von einer Idee begeistert bist, und dir das auch noch Energie bringt, weißt du, dass du richtig bist.«

Die Antwort empfand ich als extrem unbefriedigend. Ich wusste schon jetzt, dass ich morgen nach »Spaß« googeln und nichts finden würde, das mir und meiner Sehnsucht, anzukommen, irgendwie weiterhelfen würde. Ich hatte das Bedürfnis, mit Pauline einen Waldspaziergang zu unternehmen. Während Markus die Toilette aufsuchte, schrieb ich ihr eine SMS. Vielleicht hatte sie ja am Sonntag spontan Zeit für eine Wanderung. Noch bevor Markus zurück an den Tisch kam, vibrierte mein Handy. Sie hatte Zeit! Für diese Wanderung wollte ich mich speziell vorbereiten, um die Zeit gut zu nützen.

Auf der Suche nach dem Spaß

Ich saß noch drei Stunden mit Markus in angenehmer Atmosphäre zusammen. Wir plauderten über alte Zeiten und waren uns einig, dass wir das öfter machen sollten. Er bot mir an, das nächste Mal bei ihm zu Hause zu essen, doch ich war mir nicht sicher, ob ich das wollte. Mit dem Glück anderer konfrontiert zu werden, kann ganz schön unangenehm werden, wenn man selbst noch ein Suchender ohne nennenswerte Ergebnisse ist.

Am nächsten Morgen schnürte ich die Laufschuhe und gönnte mir danach ein ausgiebiges Frühstück. Während ich an meinem Kaffee nippte, klappte ich den Laptop auf. Die Suche nach dem Spaß beschäftigte mich weiterhin. Jemand musste dieses Problem ja schon durchlebt und Strategien entwickelt haben. Im Endeffekt war das ein Thema, das so gut wie jeden betraf. Wer wollte nicht seine Wünsche leben und etwas tun, das ihm Spaß, Leidenschaft und Energie bringt?

Wie erwartet fand sich unter dem Stichwort »Spaß« vieles, wonach ich eigentlich nicht gesucht hatte. Doch nach vertiefter Suche und dem Anklicken einiger weiterführender Links entdeckte ich das »Fünf-Säulen-Modell« des deutschen Psychologen Hilarion Petzold. Es faszinierte mich, auf welch einfache Weise es erklarte, worauf unser aller Grundvertrauen und unsere Zufriedenheit ruhten, und wie die Säulen in Verbindung zueinander standen.

Die erste Säule war die »*Leiblichkeit*« – also die Psyche, der Körper und die Seele – kurz: das, was »ich« bin. Dann gab es eine Säule namens »*Soziales Netzwerk*« – also meine Familie, Freunde, Kollegen und alle Beziehungen. Darunter fielen alle, die zu meiner Identität beitrugen, und ich zu ihrer. Ich dachte kurz darüber nach. Das waren eigentlich alle in meiner unmittelbaren Umgebung – vom Wohnungsnachbarn bis zur Reinigungsdame. Interessant.

So richtig viel konnte ich mir unter den theoretischen Informationen nicht vorstellen. Die Wirklichkeit war weitaus komplexer als ein anschauliches Säulenmodell. Aber ich spürte, dass ich über diese vereinfachte Darstellung vielleicht einen guten Zugang zu den Fragen finden konnte, die mir auf der Seele brannten. Die dritte Säule drehte sich um ein Thema, an dem ich momentan besonders knabberte: »*Arbeit & Leistung*« – dazu zählten meine Position, meine Tätigkeit, meine Energie bei der Arbeit und meine Wahrnehmung von Erfolg und Anerkennung. Auf den ersten Blick passte es bei mir. Aber sobald ich in die gedankliche Tiefe ging, fing es an zu brodeln.

Die erste Frage, die in mir hochstieg, war: »Mag ich meinen Job wirklich?« Und sofort sträubte sich alles in mir, diesen Zweifel genauer zu beleuchten. Spontan beschloss ich, mir die Vor- und Nachteile meiner derzeitigen Arbeit zu notieren. Das war mir wichtiger, als die restlichen zwei Säulen anzuschauen. Ich dachte, das erledige ich schnell nebenbei, aber es nahm eine volle Stunde inklusive zwei Kaffeepausen und einem kurzen Frischlufttanken in Anspruch, ehe ich ein Ergebnis hatte, mit dem ich zufrieden war: Ich hatte 15 Pluspunkte und fünf negative Punkte gefunden. Ein toller Job! Ich hatte es ja gewusst … Aber, wenn ich in mich hineinhörte, fühlte ich mich ganz und gar nicht euphorisch. Was fehlte mir? Ganz klar, der Spaß. Und mit dieser Erkenntnis war ich wieder genau dort, wo ich meine Gedankenreise eineinhalb Stunden zuvor angetreten hatte.

Meine Gedanken kreisten um meine Arbeit. War das wirklich mein Wunschjob, oder war es mehr die Vorstellung, gutes Geld zu verdienen und eine gute Position und ein gutes Leben zu haben? Ich entsprach damit sicherlich dem, was der Großteil meiner Freunde als beruflich erfolgreich bezeichnen würde. Und das stimmte ja grundsätzlich. Aber mir wurde in diesem Moment schmerzhaft bewusst, dass mir meine Tätigkeit keinen Spaß machte. Wenn ich davon sprach oder nur daran dachte, waren kein Glühen und kein Leuchten zu spüren.

Ich dachte wieder an Markus, der in dem Lokal geradezu wie ein Flutlicht gestrahlt hatte. Aber, war das ein Dauerzustand? Vielleicht ging es ihm ja so, dass er auch einmal aus diesem Zustand abstürzte und an sich zweifelte. Das wäre nur menschlich – und für mich auch leichter zu verstehen. Dieses permanente Glücksgefühl über das eigene Dasein entzog sich meinem Verstand. Ich hatte das Gefühl, dass ich so etwas nicht im Entferntesten erreichen könnte.

Ich klappte den Laptop zu und machte mich auf den Weg. Ich musste einfach raus, um einen klaren Kopf zu bekommen. Meine Google-Recherchen hatten mich nur noch mehr aufgewühlt, anstatt mich den Antworten auf meine Fragen näherzubringen. Ich lenkte meine Schritte in die Innenstadt. Nach den vielen Waldwanderungen wollte ich mich wieder einmal urban inspirieren lassen. So schön die Natur ist, ich liebe auch meine Stadt – ihre Bauten und Straßen, ihr Flair und ihre Geschichte. Ich ging an diesem Tag bewusst durch Wien wie ein Tourist, obwohl ich hier mein ganzes Leben zugebracht hatte. Ich richtete meine Blicke nach oben, anstatt wie gewohnt auf den Boden vor mir zu starren. Plötzlich entdeckte ich neue Straßenzüge, Häuser und Details – obwohl ich diesen Weg schon Dutzende Male vorher gegangen war. Schräg gegenüber eines meiner Lieblingslokale fiel mir ein altes Haus ins Auge. Mir war bisher nicht aufgefallen, wie wunderschön es war. Eine verblichene Aufschrift über dem Haupteingang ließ erkennen, dass hier früher eine Schneiderei angesiedelt war. In meinem Kopf erwachten Bilder aus der Vergangenheit zum Leben.

Ich stellte mir die Frage, was ich eigentlich Tag für Tag verpasste bzw. woran ich vorbeilief. Das Gebäude zeigte mir, dass ich vielleicht mit einem völlig falschen Blick durchs Leben ging. Wie sollte ich das Besondere erkennen, wenn ich nicht hinschaute? Und, wie sollte ich Menschen finden, die ähnliche Werte teilten wie ich, wenn ich den Blick nicht bewusst auf diesen Aspekt richtete? Vielleicht war mir sogar die richtige Frau schon begegnet, und ich hatte nicht richtig hingesehen. Der letzte Gedanke machte mich besonders nachdenklich. Mir war bewusst geworden, dass ich nicht mit offenem Blick durch den Alltag ging. Ich war zwar ständig in Bewegung, verpasste dabei aber das wirkliche Leben. Wie sollte ich so meine Wünsche erkennen, wenn die Umgebung mir so viele Möglichkeiten aufzeigte – ich sie aber nicht bemerkte?

In Gedanken vertieft und den Blick weiterhin nach oben gerichtet, zog mich ein Ausstellungsplakat in seinen Bann. Ich überlegte, wann ich zuletzt ein Museum besucht hatte, und beschloss, meinem Bauchgefühl nachzugeben. Zwei Stunden später war ich um eine Erfahrung reicher. Und ich hatte das Gefühl, etwas verinnerlicht zu haben: *Zieht dich etwas an, probiere es aus. Die Chance, dass es dein Leben bereichert, ist groß.*

Die Wirkung der Kunst erfüllte mich noch lange, nachdem ich das Museum wieder verlassen hatte. Der Weg durch die Ausstellung war ein schönes Gefühl gewesen. »So ähnlich muss sich Markus auf seinen Reisen gefühlt haben«, dachte ich mir. Er hatte sich getraut, Neuem zu begegnen und sich darauf einzulassen. Das Hochgefühl des »Sich-Einlassens« beflügelte mich. Ich wollte mehr. Auf dem Heimweg ging ich an einem Kino vorbei, das einen Film zeigte, der mich interessierte. Ohne lange zu überlegen, kaufte ich mir eine Karte.

Als ich den Schlüssel in die Haustür steckte, war es bereits dunkel. Nach dem Kino hatte ich mir noch ein kleines Abendessen in einem neu eröffneten Lokal gegönnt. Am Morgen hätte ich nicht gedacht, dass ich heute erst so spät heimkommen würde. Es war ein schöner Tag mit mir selbst gewesen. Mein Laptop schien auf mich gewartet zu haben. Ich klappte ihn auf und war gespannt auf die weiteren Säulen. Mir gefiel die Logik hinter dem Prinzip – und auch der gedanklich einfache Zugang. Das alles war nicht neu und nichts Sensationelles, aber es rückte die Dinge ins richtige Licht und zeigte, worauf die Zufriedenheit basierte.

Die vierte Säule war »*Materielle Sicherheit*«. Ja, klar. Wer wollte das nicht? Dort vermutete, so gut wie jeder die Basis für Glück, Sicherheit und Freiheit. Ohne Einkommen, Geld, Nahrung, Kleidung und Dinge des täglichen Bedarfes kann niemand auskommen. Ich dachte sofort an meinen neuen Blickwinkel: Würde mir etwas abgehen, wenn meine Grundversorgung gesichert wäre? Würde mir das reichen? Oder wären die Ray-Ban-Brille und der Anzug von Boss etwas, das mir schmerzlich fehlen würde? Ich dachte an Markus. Wie viel von dem braucht man wirklich, wenn man drei Kinder hat?

Wie aufs Stichwort enthielt die letzte Säule das, was Markus bei unserem Gespräch angesprochen hatte: Unter »*Werte und Normen*« fielen Lebensaspekte wie Moral, Ethik, Liebe, Glaube, Sinn und Hoffnung. Ich war froh, dass mir meine eigenen Werte so bewusst waren. Was mir Markus über seine Frau erzählt hatte, bestärkte mich auch in meiner Trennung von meiner Freundin. Auf dieser Ebene hatten wir gar nicht harmoniert. Irgendwie klang dieser Gedanke für mich extrem überheblich, aber er entsprach der Wahrheit. Jetzt im Nachhinein war mir klar, warum die Beziehung einfach nicht funktionieren konnte: Wie kann man jemandem vertrauen, wenn man nicht weiß, wie dieser Mensch tickt und was ihm wichtig ist? Das ist schon bei Freunden schwer. In einer Beziehung ist das so gut wie unmöglich. Die berühmte »gemeinsame Wellenlänge« beruht auf den eigenen und gemeinsamen Werten. Das war mir vor dem Gespräch mit Markus nicht bewusst gewesen.

Ich sah mir noch einmal eine Überblicksgrafik der fünf Säulen an. Spannend, wie ein Konzept auf eine derart einfache Ebene heruntergebrochen werden kann – und in der Praxis dennoch so hochkomplex ist. Die fünf Säulen strukturierten die unendlich vielen Möglichkeiten der Veränderung ein wenig. Ich fühlte mich plötzlich frei und erleichtert. Während ich über die letzten Wochen in meinem Leben nachdachte, wuchs die Überzeugung, dass ich gute Entscheidungen getroffen hatte. Ich hätte nicht gedacht, dass ich mal so denken würde, aber: *Veränderung & Erweiterung meines Minds machten Spaß.*

Den Tag beendete ich ebenfalls mit einer Veränderung. Ich konnte mich nicht erinnern, wann ich zuletzt um 21 Uhr mit einem Buch im Bett gelegen war. Es war grandios, diesen Luxus bewusst zu genießen. Ich freute mich auf mein bevorstehendes Treffen mit Pauline. Es war eine eigene, aber wunderschöne Erfahrung, meinen Weg mit ihr zu teilen. Irgendwie war es auch stimmig, dass sie dabei war und dabeiblieb – schließlich war sie der maßgebliche Impuls hinter meinem neuen Wunschdenken gewesen.

Es war ein sonniger Vormittag, als ich mit Pauline durch den Wald spazierte. Zuerst berichtete ich ihr in groben Zügen, was ich bei meinem Wiedersehen mit Markus erlebt und erfahren hatte, dann gingen wir eine Zeit lang still nebeneinander. Auf einer kleinen Lichtung blieb Pauline plötzlich stehen.

»Mir hat einmal ein Langzeitarbeitsloser von seinem Werdegang erzählt. Interessiert dich das?«

Was für eine Frage! Wie immer war ich mir sicher, dass diese Geschichte direkt etwas mit meinem derzeitigen Entwicklungsstatus zu tun hatte: »Natürlich!«

»Das Interessante war, dass er seine Erzählung mit einer Headline begann: ›Wie aus einem normalen Menschen ein orientierungsloser Obdachloser wurde!‹ Es war der klassische Weg von der scheinbaren Sicherheit zum Abgrund. Alles begann mit der Scheidung und der Unterhaltspflicht für seine zwei Kinder. Da er sich dadurch keine Wohnung leisten konnte, zog er zu einem Freund. Vier Monate nach der Scheidung verlor er seinen Job als Koch, weil das Hotel in Konkurs ging. Die Belastung nagte an seiner Seele: Er begann, mehr als sonst zu trinken, und hatte noch weniger Geld, um über die Runden zu kommen. Irgendwann verlor auch sein Freund die Geduld, und er stand plötzlich ohne Dach über dem Kopf da. Plötzlich war er obdachlos – und blieb es durch Unwissenheit und Scham eine Zeit lang. Sich aus so einer Situation zu befreien, ist eigentlich ein Wahnsinn. Er hat es geschafft. Mit seinem Willen und Menschen, die ihm geholfen haben.«

Ich hatte derartige Geschichten schon gehört. Dennoch war ich schockiert, weil Pauline den Absturz in wenigen Sätzen geschildert hatte, und mir dadurch noch bewusster wurde, wie schnell das passieren kann. Immerhin wurde ein Happy End versprochen: »Was ist passiert?«

»Kennst du die fünf Säulen?«.

Ich nickte ein wenig verdutzt und dachte mir »Woher weiß sie das?« Ich hatte erst am Vortag darüber recherchiert. »Was haben die Säulen mit dieser Geschichte zu tun?«

»Wie du weißt, verleihen die Säulen Stabilität. Bricht nur eine weg, wie z.B. bei einer Scheidung, muss man besonders achtsam sein, um die anderen Säulen nicht zu gefährden. Manchmal passiert aber so etwas wie in dieser Geschichte: Mehrere Säulen brechen zugleich oder kurz nacheinander weg. Zuerst die Familie, dann Arbeit und Leistung, gepaart mit materieller Sicherheit, und irgendwann auch die Werte.«

»Ja, der Säulen-Super-GAU quasi. Aber, wie bringt man die Säulen in Balance?«

»Achte darauf, dass du mit dir und deinen Säulen achtsam umgehst. Wie schon erwähnt, sollte jede einzelne Säule zu 70 Prozent gut laufen. Ist das nicht der Fall, ändere nie mehr als eine Säule gleichzeitig. Wenn du den Job wechselst, ändere nicht gleich den Wohnort oder trenne dich von deiner Partnerin. Zu viel Veränderung in mehreren Säulen lässt alles kippen. Möglicherweise bricht das System dadurch sogar komplett zusammen. Ein schrittweises Vorgehen ermöglicht Heilung oder Entwicklung ohne fatale Nebenwirkungen. Alles andere ist kaum zu bewältigen. Im Fall des Mannes aus der Geschichte brachen in kurzer Zeit sämtliche Säulen zusammen, und er stand buchstäblich vor den Trümmern seines Lebens.«

»Ich glaube, ich verstehe, was du mir sagen willst: Ich habe mich gerade von meiner Freundin getrennt und reduziere meine sozialen Kontakte, um mehr Zeit mit mir selbst zu verbringen. Also sollte ich jetzt berufliche Veränderungen nicht in Angriff nehmen, sondern auf meine Stabilität achten, ehe ich die nächste Veränderung angehe.«

»Genau. Was aber nicht bedeutet, dass du dich nicht mit deinem Job und deinen Wünschen auseinandersetzen sollst. *Aber suche nicht die Lücke in der Theorie. Es geht darum, dass du dir Gedanken machst, was dir wirklich Spaß macht.*«

Damit waren wir wieder genau bei dem Punkt, an dem ich anstand. Genau diese Gedanken drehten sich bei mir immer im Kreis. Allein diese Aufforderung ließ mich augenblicklich total klein fühlen.

Pauline merkte, dass sie mich auf dem falschen Fuß erwischt hatte: »Verzeih mir. Ich weiß, jetzt verlange ich sehr viel von dir. Lass dir Zeit! Dir geht es gut und dir läuft nichts weg. Manchmal wirken meine Aussagen so, als wäre das alles einfach. Aber das ist es nicht. Alles braucht seine Zeit. Wichtig ist, dass du ein Bewusstsein für eine neue Achtsamkeit dir selbst gegenüber entwickelst und du dir gleichzeitig nicht zu viel zumutest. Denn sonst fängt das System an, zu kippen.«

Wir setzten unseren Weg fort, und ich berichtete ihr von der Analyse meines Jobs. Es tat gut, mit ihr darüber zu sprechen. Ich fühlte mich befreit. Pauline lächelte und sagte nur zwei Sätze. »Du bist auf so einem tollen Weg und es macht richtig Spaß, mit dir durch den Wald zu gehen. Danke für den Weg und dass du mich dich begleiten lässt.« Den Rest des Weges redeten wir über die Natur, und wie es möglich ist, das sie sich permanent verändert. Und, wie schwer es uns Menschen fällt, diesen natürlichen Weg einzuschlagen. In diesem Gespräch gab es einen Punkt, an dem mir klar wurde, dass meine Seele von der Begegnung mit Pauline immens profitierte. Und mir wurde endlich klar, an wen sie mich erinnerte und warum ich mich in ihrer Nähe so unglaublich vertraut und geborgen fühlte.

Meine Großmutter war einer der wichtigsten Menschen in meinem Leben. Ich verbrachte als Kind viel Zeit mit ihr. Wenn ich heute zurückblicke, hat sie mich vermutlich mehr geprägt als meine Eltern. Sie kam aus einfachsten Verhältnissen und verbrachte ihr gesamtes Leben arbeitend auf einem Bauernhof. Sie war eine einfache Frau mit viel Kraft und einer einzigartigen Energie. Pauline erinnerte mich an meine Großmutter. Nicht in Bezug auf ihr Alter, sondern aufgrund ihrer Energie, ihrer Ruhe und ihrer Gelassenheit. Obwohl meine Großmutter eine der wichtigsten Säulen ihres Lebens im Krieg verloren hatte, war sie bis zuletzt stark und kraftvoll durchs Leben gegangen.

Ich blieb stehen und fragte Pauline spontan, ob ich sie umarmen dürfe. Sie war einverstanden, und es tat richtig gut. Ich erzählte ihr, an wen sie mich erinnerte.

»Erinnerungen sind etwas Schönes und lösen auch bei demjenigen etwas aus, der sie auslöst«, antwortete sie.

Ich wollte noch einmal auf die Säulen zurückkommen: »Was haben die Säulen eigentlich mit meinen Wünschen zu tun?«

»Gute Frage! Ich habe in den vielen Gesprächen, die ich geführt habe, und in meinem Freundeskreis eines festgestellt: Menschen, die nach ihren Wünschen leben, sind in einem stabilen Netzwerk eingebettet, auf das sie sehr bewusst schauen und das sie aktiv pflegen. Dieses Netzwerk hat viele Gesichter – egal, ob es stabile Ehen sind oder langjährige, treue Freunde, auf die man sich immer verlassen kann. Mich hat das persönlich sehr bewegt, weil ich das in meinem eigenen Leben nicht kannte. Dadurch habe ich ein neues Bewusstsein dafür entwickelt. Die Botschaft war: Achte auf dich und deine Umgebung. In deine Wohnung lässt du ja auch nicht jeden rein.«

Wir kehrten in einem Gasthof ein und Pauline merkte, dass ich den Kopf voller Gedanken hatte. Wir sprachen ein paar Minuten nichts. Sie ließ mich verdauen und verarbeiten.

Als wir uns eine Stunde später verabschiedeten, war sie zu meiner Überraschung plötzlich sehr dominant und nachdrücklich. Sie wollte sofort einen neuen Termin mit mir vereinbaren. Das irritierte mich, aber ich ließ mich darauf ein. Nächste Woche wollten wir uns wiedersehen. Danach klärte sich ihr Verhalten auf. Ihre Abschlussworte an mich: »Ich will dich sehen, weil es im nächsten Schritt um Fokussierung geht. Wenn man sich mit seinen Wünschen beschäftigt, kann es irgendwann nicht nur mehr beim Wünschen selbst bleiben. Man muss ins Tun kommen. Genau das unterscheidet wirklich glückliche Menschen von jenen, die das Gefühl haben, nie dort anzukommen, wo sie hinwollen.«

Ich verstand. Nun ging es daran, nicht mehr nur die Gedanken in Bewegung zu setzen.

»Fokussierung und Klarheit sind essenzielle Aspekte, um seine Wünsche zu erreichen«, setzte Pauline fort. »Das war in meinen Interviews sehr oft eine wichtige Kernaussage. Eine Entscheidung zu treffen, ist eine Sache, aber wirklich machtvoll wird sie erst, wenn sie auf einem klaren Fokus beruht.«

Nun war ich mir nicht mehr so sicher, ob ich wirklich verstand. Aber Klarheit und Fokus klangen schon einmal nicht schlecht, also stimmte ich ihr zu. Insgeheim war ich froh, dass der nächste Termin schon so bald stattfinden würde. Ich hatte Blut geleckt. Und ich war begierig darauf, vorwärtszukommen. Und ich hatte noch immer das Gefühl, dass mir ein wichtiger Schritt fehlte: Wie kann ich meine Wünsche wirklich in die Tat umsetzen und was benötige ich dazu?

Scharf auf mich – ich im Fokus

Als ich am nächsten Tag wach wurde, hatte ich einen Satz im Kopf: »Let's do it!« Alles, was ich wollte, war, meine Wünsche zu Papier zu bringen. Pauline hatte mich dazu inspiriert, alles aufzuschreiben, was ich schon geraume Zeit machen und erleben wollte. Dazu kam mir auch die Geschichte einer 29-jährigen Amerikanerin in den Sinn, die erschrocken festgestellt hatte, dass ihr Leben schrecklich langweilig geworden war. Sie fertigte eine Liste mit Ereignissen an, die sie vor ihrem 30. Geburtstag erfahren wollte. Und damit hörte sie infolge nie wieder auf. Diese Entscheidung, nur mehr das zu tun, was ihr wichtig ist, anstatt den Wünschen anderer zu entsprechen, veränderte ihr gesamtes Leben.

Das wollte ich auch. Ich kam in Summe auf 30 Einträge. Meine Liste beinhaltete einerseits Erfahrungen, wie Fallschirmspringen oder tauchen und segeln zu lernen, und andererseits Sehnsüchte, wie eine Zeit lang im Ausland zu leben oder Menschen Wissen zu vermitteln und ihnen dadurch ein schöneres Leben zu ermöglichen. Anfangs musste ich nachdenken, doch irgendwann begann es zu fließen, und die Wünsche sprudelten nur so heraus. Die viele Zeit, die ich allein mit mir verbracht hatte, hatte offensichtlich einen Kanal der Wünsche geöffnet.

Ich erinnerte mich an die Worte von Pauline: »Du kommst erst ins Tun, wenn deine Herzenswünsche bekannt sind. Egal, ob es das Bewältigen eines Halbmarathons oder eine Reise nach Thailand ist – es geht immer um ein klares Ziel. Das ist nur erreichbar, wenn du für etwas brennst, das dir wichtig ist!«

Das erinnerte mich an einen Freund, der unbedingt am Wasser leben wollte. Das Problem war, dass es an seinem Wohnort weder einen See noch einen Fluss gab. Und er liebte seine Stadt. Wie er dieses Dilemma löste, hatte mich beeindruckt: Er kaufte sich ein größeres Grundstück und legte auf 80 Prozent der Gartenfläche einen Teich an. So einfach kann es manchmal sein. Wenn der Wunsch groß genug und das »Brennen« heiß genug ist, findet man Lösungen und gelangt ans Ziel.

Meine privaten und persönlichen Wünsche gingen mir leicht von der Hand. Aber, was wollte ich beruflich wirklich machen? Die Frage war nicht, was ich gut konnte, sondern, was mir hinsichtlich meines Jobs am Herzen lag. Mit Druck kam ich zu keinem Ergebnis. Ich drehte leise Musik auf und legte mich auf die Couch.

Welche Tätigkeit und Aufgaben wären mir tagtäglich willkommen und würden mich Tag für Tag positiv fordern?

Führen? Ja.

Gutes Geld verdienen? Ja.

Spaß an der Sache? Unbedingt.

Status? Nicht unbedingt.

Meine Absicht war es, Menschen zu bewegen und Projekte erfolgreich umzusetzen. Es machte mir großen Spaß, Veränderung in Gang zu bringen. Dabei musste ich aber nicht unbedingt bis zum Ende der Umsetzung an Bord bleiben. Ich wollte so viele Menschen wie möglich mit meiner Arbeit erreichen und Unternehmen dabei begleiten, stabiler am Markt unterwegs zu sein. War das alles ein ganz anderer Job als der, den ich jetzt ausübte? Nein. *Anscheinend war ich schon irgendwie richtig, aber zur Spaßebene fehlte mir etwas, sonst wäre ich ja bereits am Ziel meiner Wünsche.* Bis jetzt hatten mir Status und Position sehr viel bedeutet – und es kam manchmal auch so zustande, dass ich Ideen von anderen »borgte« oder einfach aus manchen Situationen mehr machte, als sie tatsächlich hergaben. Es war mir beinahe egal, wie ich mein Ziel erreichte. Hauptsache, ich kam weiter. Wichtig war mir das noch immer, nur die Prioritäten hatten sich verschoben. Nun bedeuteten mir die Inhalte mehr als die Begleiterscheinungen des Erfolgs.

Plötzlich erinnerte ich mich an eine Szene aus meiner Kindheit: Ich saß als 15-Jähriger in der Schulbibliothek und blätterte in einem Bildband. Ich war fasziniert von Bildern einer Großstadt und wusste: Irgendwann will ich dorthin. Die Stadt, in der ich lebte, kam mir gegen all diese großartigen Gebäude so winzig vor. Ich wollte irgendwann weg von hier. War ich verrückt? Aus Sicht meiner Eltern, sicher.

Später habe ich in genauso einer »Bilderbuchstadt« studiert und jetzt arbeitete ich in Wien. Die Absicht dafür hatte ich vor Jahrzehnten geäußert. Und das hatte mich später diesen Schritt machen lassen. Ich erinnerte mich an das Gefühl, das ich damals in mir gespürt hatte. Die Energie und Entschlossenheit bildeten konzentrierte Leidenschaft. Genau so muss sich ein Herzenswunsch anfühlen. Eigentlich ganz einfach. Und trotzdem hatte ich das Gefühl, dass ich es mit den Jahren verlernt hatte, zu wünschen und nach diesen Wünschen zu handeln.

Früher dachte ich bei Jobs in Positionen, mittlerweile wusste ich, dass die berufliche Zufriedenheit weit mehr Aspekte hatte. Darum musste es bei meinen Wünschen auch um ein großes Paket gehen, bei dem ich mich kompromisslos wohlfühlte. Mir wurde plötzlich bewusst, dass ich das Wünschen aufgegeben hatte, nachdem ich meine jetzige Position erreicht hatte. Also hatte ich vielleicht nichts verlernt – ich hatte es vor lauter Alltag und Komfortzone nur nicht mehr getan. Vielleicht lag ich also nicht ganz so falsch, wie ich gedacht hatte. Ich war nur stehen geblieben.

Ich nahm ein neues Blatt zur Hand und ging in mich.

Fühlte ich mich zu 70 Prozent wohl bei meinem derzeitigen Arbeitgeber? Ja.

Füllte mich meine Aufgabe aus? Nein.

Wo sah ich Potenzial in meinem Unternehmen? Mir fielen drei Bereiche ein, die mich irgendwie anzogen und mit denen ich immer wieder zu tun hatte. Ich war manchmal sogar ein bisschen neidisch auf die Möglichkeiten in diesen Abteilungen. Die Kollegen dort konnten teilweise eigene Ideen in Versuchsprojekten ausprobieren oder stellten Überlegungen an, wie die Zukunft und die Produkte in unserer Branche aussehen könnten. Was würde ich dort gerne machen? Ich sah mir selbst zu, wie ich meine vielen Gedanken und Ideen auf das Papier setzte und spürte sogleich, wie mich ein seltsames, lustvolles Kribbeln erfüllte. Sofort fühlte ich mich extrem selbstbestimmt, weil ich mir erstmalig wirklich Gedanken darüber machte, wo ich mich hinbewegen wollte.

Aber, was war mein konkreter Wunsch? Bei manchen war es die Selbstständigkeit, die bei dieser Frage als Erstes hochkam. Für mich war das nichts. Ich fühlte mich in mittelständischen Unternehmen oder großen Konzernen wohl. Ich könnte mir vorstellen, eine Vorstandsposition zu bekleiden. Aber es wäre kein Muss. Trotzdem gefiel mir die Vorstellung von Verantwortung und vom Mitspielen ganz oben. Ich setzte es auf meine Liste. Sofort folgten auch andere Dinge. *Wie bei meinen persönlichen Wünschen ging auch hier plötzlich eine Schleuse auf, sobald ich mich darauf einließ, dass es bei meinen Wünschen keine Grenzen gab.*

In den nächsten Tagen wurde meine Liste noch voller. Ich betrachtete meinen Job und meinen Arbeitgeber mit neuen Augen und aus einer anderen Perspektive. Ich sah jeden Tag neue Möglichkeiten im Unternehmen und sprach mit Kollegen, die völlig andere Aufgabenbereiche hatten und mir so andere Einblicke gaben. Meine Gedanken kreisten darum, wie ich innerhalb des Betriebes meine beruflichen Wünsche am besten erfüllen konnte. Plötzlich wurde mir klar, dass es nicht immer nur am Umfeld lag, ob ich etwas verändern konnte. Sobald ich die eigene Sichtweise gewechselt hatte, sah ich neue Potenziale und konnte damit beginnen, fokussiert zu handeln. Für mich war jetzt klar: Ich finde etwas in meinem Unternehmen, was dem Betrieb und mir konkreten Nutzen bringt. Ich kannte die Prozesse und Abläufe sehr gut, und meine Überlegungen hatten mir gezeigt, dass es aus meiner Sicht eine Reihe von Verbesserungen gab, die sich aber einige nicht trauten, in Angriff zu nehmen. Ich ließ diese Erkenntnis vorerst so stehen. Denn ich wusste: Alles würde sich zeigen, wenn ich mir noch ein wenig Zeit ließe.

Für unseren nächsten Termin hatte mich Pauline zum ersten Mal zu sich nach Hause eingeladen. Interessiert sah ich mich um. Irgendwie wirkten ihre Räumlichkeiten wie ein Büro – aber irgendwie auch nicht. Die Einladung war spontan und kurzfristig erfolgt. Sie hatte mir ihre Adresse per SMS geschickt. Mein Navi hatte mich geleitet – ohne dass ich so richtig mitbekam, in welcher Gegend der Stadt ich mich eigentlich befand. Doch ich schwebte auf einer Euphoriewelle und nahm alles, wie es kam. Durch die neu entdeckte Begeisterung für meine Wünsche war ich ganz in meinem Element. Ich erzählte Pauline von dem Tag nach unserem Spaziergang, und sie freute sich mit mir über meinen Durchbruch. Wir strahlten um die Wette, und es war schön, sie so zufrieden zu sehen. Aber nicht nur deswegen wusste ich, dass ich nun auf Kurs war. Ich spürte tief in mir eine Zufriedenheit und ein Glücksgefühl, die zuvor noch nicht dagewesen waren.

Pauline wusste genau, wie es mir ging. Und sie kannte auch die Ursache für meine Zufriedenheit: »Wenn man beim Wünschen den Nagel auf den Kopf trifft, wird man sofort mit einer inneren Genugtuung geflutet, die anders ist als alles, was man kennt. Dr. Georg Kraft-Kinz, Generaldirektor-Stellvertreter der Raiffeisenlandesbank NÖ-Wien, erzählte mir, dass er schon sehr früh den Wunsch hatte, eine Führungskraft werden zu wollen. Das war von Anfang an sein klarer Fokus. Auch Ing. Wolfgang Hesoun, Generaldirektor der Siemens AG Österreich, hatte eine klare Richtung im Kopf: Er wollte unbedingt ins Ausland gehen. Letztlich hat er nicht alles bekommen, was er wollte – aber er lebte eine Zeit lang im Ausland.« Sie grinste ein wenig. »Du siehst: Sei vorsichtig damit, was du dir wünscht. Vielleicht passiert es wirklich. Wünsche können auch richtungsweisend sein, weil sie einen leiten und dort hinbringen, wohin man zum Zeitpunkt des Wunsches unbedingt möchte.«

Wir lachten. Wir wussten beide, Paulines Warnung mit Sarkasmus zu nehmen. Trotzdem hatte es auch etwas für sich. Wenn wir beim Wünschen nicht mit der nötigen Exaktheit vorgingen, brachte man vielleicht auch keine Punktlandung zustande und würde dort landen, wo wir eigentlich nicht wirklich hinwollen. Wobei laut Paulines Zufriedenheitsformel ja schon 70 Prozent reichen würden.

»Nicht nur unsere bewussten Entscheidungen haben großen Einfluss, sondern vor allem unsere unterbewussten Wünsche und Träume. Wenn wir uns deren bewusst werden, können wir noch besser fokussieren und unsere Wünsche haben noch mehr Macht. Dann ist es egal, was jemand anderer zu unseren Träumen und Zielen sagt oder meint. Wir wollen genau dorthin. Es gibt aber auch Menschen, die nicht nur konstruktive Wünsche haben, und somit muss das Ergebnis nicht immer nur positiv sein. Denn viele Menschen machen oft auch unüberlegte Sachen, wenn sie auf der Wunschwelle unterwegs sind.«

Da gab ich ihr recht. Ein Fokus muss nicht in jedem Fall konstruktiv sein. Die Theorie des Wunschens funktionierte wahrscheinlich genauso für fanatische Menschen, die weniger edle Ziele verfolgten.

Aber Pauline war schon wieder einen Gedanken weiter: »Mich faszinierte am meisten der Fokus von Boxweltmeisterin Nicole Wesner. Ihr Wunsch war es, zu boxen. Zuvor war sie erfolgreich im Management tätig und entdeckte durch Zufall diesen Sport. Und sie wollte mehr: zuerst mehr trainieren, dann tatsächlich in den Ring steigen. Irgendwann war der Wunsch da, Wettkämpfe zu bestreiten. Sie beschrieb mir diesen Schritt als Gefühl, das sie in jeder Faser ihres Körpers gespürt hatte. Mehr Wunsch und Fokus braucht ein Mensch nicht. Und dieses Brennen spürt man heute noch, wenn sie voller Leidenschaft von diesem Sport erzählt.«

Schon allein Pauline zuzuhören, ließ bei mir den Wunsch aufkommen, ebenfalls ein derartiges Brennen in mir zu spüren: »Aber, wie findet man zu diesem Fokus?«

»Bei den meisten Menschen entsteht der Wunsch spontan oder er wächst langsam in ihnen und zieht sie innerlich zu den Themen. Egal, ob Führen, Boxen oder Ausland – wir verinnerlichen unseren Wunsch oder unsere daraus entstehenden Ziele so weit, dass wir es körperlich spüren und daraus Gedanken wachsen. Diese Gedanken lassen uns die Zukunft sehen, die wir uns erträumen. Ich nenne das gerne die ›Bilder im Kopf‹. Nicht jeder sieht sie wirklich vor seinem geistigen Auge, aber sehr viele. Die Vorstellungskraft, wie der Fokus bzw. Wunsch Realität werden wird, gibt einem sofort das innere Gefühl, bereits dort angekommen zu sein. Du kannst dem auch andere Namen geben: ›Kopfkino‹ oder ›gedankliches Wunschkonzert‹. Es ist das Verlangen nach einer Sache, einer Fähigkeit oder einer Situation, deren man sich vorher nicht gewahr war. Durch die Bilder im Kopf oder den Vergleich mit anderen wächst es zu einem großen Begehren heran, und die Sehnsucht, es *real* zu erleben, wird zum *Muss*.«

Sie fuhr mit der gleichen Euphorie fort: »Für Damian Izdebski war schon in jungen Jahren klar, dass er ein Unternehmen gründen will. Er kam aus einer Unternehmerfamilie, und etwas anderes kam einfach nicht infrage. Alexander Goebel, berühmter Schauspieler, Sänger und Kabarettist, war klar, dass er nicht mit dem Strom schwimmen wollte, sondern seine vielfältigen Talente eigenständig und unabhängig nutzen wollte. Ing. Karl-Heinz Strauss wollte mit seinem Know-how aus vergangenen Jobs wirklich überzeugen. Doris Rose, Creative Director von Jones, wollte unbedingt in der Textilbranche tätig und kreativ sein – und hat sich von Schwierigkeiten nie von ihrem Vorhaben abbringen lassen.«

Ich hatte von all dem erst einen kleinen Funken in mir erhascht. Ein paar Bilder und Gefühle, die eine Sehnsucht in mir weckten. Aber der Weg dorthin bzw. was tatsächlich daraus werden sollte, war mir noch nicht klar. »Wie weiß man, wohin einen das alles führt?«, wollte ich von Pauline wissen.

»Das kann man nicht zu 100 Prozent wissen. Wohin sie sich entwickeln werden, war allen meinen Interviewpartnern über die ganzen Jahre hindurch nicht klar. Sie hatten nur einen klaren Wunsch und ein Bedürfnis, dem sie kompromisslos gefolgt sind. Wir sagen dazu *Leidenschaft* – die Amerikaner nennen es *Spirit*. Wenn du das findest und zulässt, verlierst du unweigerlich den Drang, jemand anderem gerecht zu werden. Alles, was dich von dieser Leidenschaft wegführt, wirst du meiden. *Es wird kein fremdgesteuertes ›Müssen‹ mehr geben. Du folgst dann nur mehr dir selbst.«*

Das hatte alles Hand und Fuß und hörte sich für mich fantastisch an. Ich glaubte daran, dass Leidenschaft einfach alles verändern würde und dass dieser Kraft kaum Grenzen gesetzt waren. Wenn man etwas wirklich wollte, dann brachte man die Energie auf, es zu bekommen. Das kennen wir nicht nur aus dem Kino und aus Biografien bedeutender Menschen, sondern genauso aus vielen Erlebnissen aus dem persönlichen Umfeld. »Aber bedeutet das, dass man sich mit Wünschen und der daraus resultierenden Leidenschaft alles ermöglichen kann?«, wollte ich von Pauline wissen.

»Wir müssen natürlich zwischen den globalen, großen Wünschen und den kleinen unterscheiden. Es gibt so eine Art ›Wunschbewertung‹ und Wertigkeit unserer Sehnsucht, um zu wissen, worauf man den Fokus legt. Ein großer, globaler Wunsch – wie z.B. Spaß im Leben zu haben oder führen zu wollen – treibt uns dazu, den Fokus auf kleine Ziele zu legen und diese auch zu erreichen. Große, globale Wünsche sind ja nicht von einem Tag auf den anderen zu erreichen. Und es braucht viele kleine Erfolge, um einem großen näher und näher zu kommen. Unser Kopf braucht ja immer wieder Futter, um den ›*Glauben*‹, dass wir *Großes* erreichen können, nicht zu verlieren.«

Wieder wurde mir bewusst, dass meine Wünsche nicht im Kopf entstehen, sondern wirklich im Herzen. Pauline hatte recht: Wir hörten nur oft nicht auf unser Inneres, da wir es teilweise verlernt haben, das Herz sprechen zu lassen. Mein Kopf mochte manchmal mehr, als möglich war, aber das Herz zeigte mir die Wünsche auf, mit denen meine Sehnsüchte verknüpft waren. Und das waren jene, die mich in meiner Entwicklung weiterbrachten. Daher waren meine Spaziergänge so wichtig: Sie ließen mich meine inneren Wünsche erkennen.

Ich frage mich: *Gibt unser Herz den Fokus vor?* Darf das Herz in unserer Gesellschaft eigentlich noch den Ton angeben, oder gelten wir dann gleich für andere als esoterisch, naiv und emotionsgesteuert? Ich erinnerte mich an mein erstes Treffen mit Pauline. Damals hatte ich genau das belächelt.

Pauline schien erneut meine Gedanken zu lesen: »Weißt du, in den Interviews gab es bei jedem Gespräch einen tollen Moment: Und zwar genau dann, als die Personen begannen, über ihre Leidenschaft zu sprechen. Da werden die Augen größer, und man wird in ihren Bann gezogen. Dann ist jedes Wort magisch, und es ist, als würde man wie ein kleines Kind einer großartigen Geschichte folgen – und bei allen

Hochs und Tiefs mit Emotion und mit viel Herz mitleben. Alle Interviews waren zu irgendeinem Zeitpunkt mit genau diesem Zauber behaftet. Das hat mir bestätigt: Leidenschaft ist das Um und Auf, um glücklich – und damit auch erfolgreich – zu sein. Ohne Wünsche gibt es keine Leidenschaft. Ohne Leidenschaft gibt es keine Zufriedenheit.«

Ich nickte kurz und wollte etwas antworten, doch Pauline war noch nicht fertig.

»Fokus zu haben, ist keine Schande, sondern der Weg, um seine Wünsche mit Leidenschaft zu erfüllen und das zu bekommen, was man im Inneren wirklich möchte. Zu oft sehe ich Menschen, die Wünsche haben – sich diese aber nicht eingestehen. Dann setzen sie ihren Fokus woanders, hadern letztlich mit ihren Entscheidungen und sind unzufrieden. Wenn der Wunsch groß genug ist, die Leidenschaft leben darf und der Fokus richtig gesetzt ist, gibt es kein Hadern. Dann werden die richtigen Entscheidungen getroffen. Nicole Wesner hat einfach ihren Job geschmissen, um ihre Leidenschaft – das Boxen – zu leben. Paralympics-Schwimmerin Ing. Mag. (FH) Sabine Weber-Treiber hätte fast ihre Schwangerschaft verpasst, weil sie unbedingt für den Wettkampf trainieren wollte. Wir machen in dieser Leidenschaft manchmal irrationale Sachen, weil wir eben dort hinkommen wollen, worauf wir fokussiert haben. Schaden uns diese irrationalen Vorgehensweisen? Manchmal ja, aber meistens bringen sie uns zu unglaublichen Hochleistungen.«

Das stimmte. Ich hatte mir oft darüber Gedanken gemacht. »Warum erklimmen Menschen ohne Seil und Sauerstoff einen Berg? In meinen Augen ist das purer Wahnsinn – in ihren Augen ist es das absolute Gefühl der Freiheit. Warum arbeiten Menschen für ihren Traum fast 24 Stunden am Tag? Weil sie von einer Leidenschaft besessen sind. Warum wollen immer mehr Menschen an ihre körperlichen Grenzen gehen und an Wettbewerben wie dem Ironman teilnehmen? Weil sie plötzlich eine Leidenschaft oder einen

Fokus bekommen haben, der eine Lücke in ihrem Leben gefüllt hat. Es scheint, jeder Mensch will sich Wünsche erfüllen, Leidenschaft leben und den Fokus setzen, um sich regelmäßig spüren zu können.«

Pauline nickte. »Irrationalität führt oft an die Grenzen – und manchmal auch darüber hinaus. Mag. Hannah M. Lessing, Generalsekretärin des Nationalfonds der Republik Österreich für Opfer des Nationalsozialismus, hatte eine klare Vorstellung davon, wie sie Menschen ein Stück Leben zurückgeben konnte, obwohl ihr viele sagten, dass das unmöglich sei. Und so schien es auch. Wie kann man Menschen ihre verlorene Kindheit zurückgeben, wenn sie genau in der Zeit den Krieg erlebt und Familienmitglieder verloren haben? Dennoch war sie von dem starken Wunsch beseelt, Menschen etwas von ihrer ›guten‹ Zeit zurückzugeben. Sie wollte Menschen Frieden ermöglichen und tut es bis heute mit einer Leidenschaft, die zu bewundern ist. Der Sinn und die Absicht hinter ihrer Arbeit bringt sie weiter. Und vielleicht hatten die Kritiker und Schwarzmaler sogar recht: Man kann Menschen nicht das zurückgeben, was unwiederbringlich verloren ist. Aber man kann ihnen Wertschätzung geben, ihnen zuhören, sie anerkennen, beachten und erkennen. Das ist möglich und musste in ihren Augen getan werden. Menschen agieren aus ihren Wünschen heraus scheinbar irrational. Trotzdem hat es Hannah geschafft.«

Pauline war sich vielleicht selbst gar nicht bewusst, dass sie genau diese Wirkung auf andere hatte, wenn sie von ihren Interviews erzählte. Doch, so gern ich ihr dabei zuhörte – ich wollte wissen, wie ich meinen eigenen Fokus finden und setzen konnte. »Wie finde ich meinen Fokus, um meine Wünsche zu erleben, und sie nicht nur Wunschträume bleiben?«

»Siehst du, schön langsam kommst du auf den Geschmack«, lächelte mich Pauline vielsagend an. »Was glaubst du, was bei der Fokussierung wichtig ist?«

Nein Pauline, nein! Bitte nicht! Ich will es einfach nur wissen! Ich will jetzt bitte ein Rezept, das mich ohne Hürden, lange Spaziergänge und Nachdenkpausen weiterkommen lässt.

Doch Pauline wartete nicht auf Antwort: »Siehst du, jeder, der dort ist, wo du bist, und dem ich diese Frage stelle, schaut mich mit diesem Blick an. Es gibt kein Rezept. Leider. Es gibt keine todsicheren Faustregeln oder Geheimnisse, um seine Wünsche mit 100%iger Erfolgsquote erfüllt zu bekommen. Es gibt nur Empfehlungen. Und daher stelle ich dir diese Frage. Du hast dir ja schon den einen oder anderen Wunsch selbst erfüllt. Wie hast du das gemacht?«

Ich dachte kurz nach. Ich dachte zurück an meinen Wunsch, in die Stadt zu ziehen, um zu studieren. »Nun ja, mir war der Wunsch bewusst.«

»Genau.«

»Ich habe mich bewusst für den Wunsch entschieden und ihn für mich als wirklich wichtig definiert.«

»Okay.«

»Ich habe mir eine Deadline gesetzt und Schritte dafür geplant.«

»Gut.«

»Und ich habe mir ein Bild von der Zukunft gemacht, mir das positive Bild gedanklich ausgemalt und dadurch das Ziel vor Augen gehabt.«

»Und dann?«

»Dann habe ich danach gehandelt. Mir meine Uni ausgesucht, die Wohnung organisiert und alle informiert, dass ich diesen Weg gehen möchte.«

»Und, wie war es?«

»Es war gut. Einige waren irritiert, aber nur wenige versuchten, mich davon abzubringen. Sie meinten nur, dass man mir mein Vorhaben wohl nicht mehr ausreden könne. Ich bin felsenfest zu meinem Vorhaben gestanden und ich glaube, das hat mein Gegenüber gespürt.«

»Was war noch?«

»Ich habe mir Hilfe geholt. Dabei bin ich das eine oder andere Mal gescheitert. Aber ich habe nicht aufgegeben. Klingt gut und nach einem Plan, oder?«

»Ja«, lächelte Pauline. »Die Wünsche sind das Schwierige. Jetzt wäre es wirklich wichtig, dir ein konkretes Ziel zu setzen. Das klingt zwar ein wenig technisch, aber es ist notwendig, damit du deine Wünsche wirklich erreichst und daraus etwas richtig Wichtiges machst. Manchen reichen der intensive Wunsch, der Glaube daran und die Euphorie, um dort hinzukommen, wohin sie wollen. Um Fehler und Ungenauigkeiten zu vermeiden, solltest du dir aber einen ausgearbeiteten Plan zurechtlegen. Das ist der Schritt, bei dem die meisten aufhören – denn unstrukturiertes Tagträumen ist viel schöner und bequemer. *Wenn du aber dem Wunsch viel Wertigkeit gegeben hast, wird er wichtig und sollte die volle Aufmerksamkeit bekommen, damit er Wirklichkeit wird.*«

»Wie … aufhören?«

»Nun ja. Nachdem diese Personen ein wenig darüber fantasiert haben, wie es sich anfühlen würde, wenn sie ihr Ziel erreichen – sich aber nichts tut –, kommen sie schnell wieder auf den Boden der Tatsachen zurück. Doch genau hier beginnt die tatsächliche Arbeit. Stell dir diese Fragen: Was in mir hindert mich daran, dass der Wunsch in Erfüllung geht? Was unterstützt mich und was bringt mich schneller dorthin? So gelangst du zu deinem Fokus. Du erarbeitest ihn dir.«

»Ich muss einen Wunsch also in ein konkretes Ziel verwandeln? Sehe ich das richtig?«

»Ja. Oder es kann auch ein Plan sein. Zum Beispiel so: ›Am <Datum> im Jahr <Jahr> sitze ich in meinem neuen Job als <Jobtitel/Position> mit einem Gehalt von <Gehaltssumme> mit der Aufgabe <Aufgabenbereich> und verfolge diese Absicht: <Absicht>.‹ Das ist eine Kombination aus Ziel, Wunsch und Plan. Es ist einfach konkreter und beinhaltet schon viele wichtige Eckdaten. Dieser Satz sollte kein ›will‹

und ›sollte‹ beinhalten, sondern in der Gegenwart formuliert sein. So, als würde es schon so sein.«

»Hatten denn deine Interviewpartner so einen Plan?«

»Viele haben gemeint, dass sie keinem Plan gefolgt sind und nicht nach langfristigen Kopfbildern agierten, wenn sie sich ihre Zukunft vorstellten. Aber, was ich bemerkt habe, war, dass sie, wenn ich ihren Erzählungen gefolgt bin, Schritt für Schritt überlegten und ihrer Richtung folgten, ihren Werten und ihren Träumen treu blieben. In der Wahrnehmung meiner Interviewpartner hatten sie keinen Plan, aber ihre Berichte sagten etwas anderes. Der Plan war keine Schritt-für-Schritt-Anleitung mit zeitlichen Vorgaben, sondern ein grober Fahrplan, der mal konkreter wurde und mal lockerer genommen wurde. Dennoch gab es ein klares Ziel und einen klaren Fokus. Sie wussten, sie wollten führen oder boxen oder unterstützen.

Es gibt eben die genaue Vorstellung von etwas, wie beispielsweise jene Vorstellung von Frau Rose, etwas im Designbereich zu finden. Andere hatten das Bedürfnis, zu boxen oder zu führen. Wenn du so etwas in dir trägst, dann bleibt wenig dem Zufall überlassen. Es wirkt zwar wie zufällig, dass jeder meiner Interviewpartner letztlich ›angekommen‹ ist – gleichzeitig war es aber unvermeidlich, wenn man ihren Schilderungen aufmerksam folgt. Aus meiner Sicht gibt es keine Zufälle in Bezug auf Wünsche. Wir sind am richtigen Ort zur richtigen Zeit, weil wir einen Fokus haben, weil wir es wollen, was wir uns vornehmen, und dabei auch noch Spaß haben. Wir fühlen uns richtig, und es erscheint einem nicht wie ein Plan oder viel Arbeit, wenn man den inneren Wunsch umsetzt.«

»Und wann haben wir Spaß? Wenn wir unseren Wünschen nahe sind?«

»Genau. Oder, anders formuliert: Wenn wir auf dem richtigen Weg sind. Keiner fährt gerne zum Flughafen und steigt in eine Maschine, um ›irgendwo‹ Urlaub zu machen und mit hoher Wahrscheinlichkeit die falsche Kleidung für den Zielort im Koffer hat. Es braucht immer einen Plan – und wenn es nur eine Richtung oder eine Klimazone ist, um den Koffer richtig packen zu können. Auch der scheinbar kleinste Plan gibt Unterstützung und Orientierung, um seine Wünsche zu erreichen.«

Jetzt wollte ich auch mal etwas Persönliches von ihr wissen: »Und, was ist mit dir? Wie viel hast du in deinem Leben geplant, Pauline?«

»Zu viel. Es nahm mir fast die Freiheit, zu atmen. Ich dachte früher, ich muss alles zu 100 Prozent erreichen. Zum Beispiel strebte ich eine spezielle Führungsposition in einem Unternehmen an, für das ich arbeitete. Ich war gemeinsam mit einem Kollegen in der engeren Wahl für den Job und ich war der Meinung, dass ich gute Chancen hätte. Viele Menschen in dem Unternehmen hielten große Stücke auf mich, und ich hatte bereits sehr viel Energie eingesetzt, um diesen wichtigen Wunsch wahr zu machen. Ich hatte geplant und taktiert und ... ja, man könnte sagen, ich war geradezu verbissen versessen darauf, diese Position zu bekommen. Du wirst schon ahnen, dass ich den Job letztlich nicht bekommen habe. Warum? Sie hatten Kollegen zu mir befragt, und eine davon war sehr ehrlich: Sie gab an, dass ich ihrer Meinung nach zu verbissen an die Dinge herangehe und dem Außerplanmäßigen wenig Spielraum lasse. Gerade das hatte sie aber als notwendig erachtet, um als Führungskraft eine gute Figur zu machen.«

Ich lauschte gebannt Paulines erster persönlicher Geschichte vom Scheitern. »Und, was hast du dann gemacht?«

»Kurz ist meine Welt zusammengebrochen. Ich ging in Klausur mit mir selbst und traf dann die Entscheidung, meine Karriere ein bisschen lockerer zu nehmen. Ich verpasste mir selbst eine Auszeit. In dieser Zeit kamen plötzlich sehr spannende Angebote auf mich zu. Ich besann mich in dieser Phase auf meinen ursprünglichen Wunsch.

Eines der Angebote, das eintrudelte, entsprach diesem Wunsch mehr als jener Job, den ich nicht bekommen hatte. Und ich erkannte, dass auch das eine Wunscherfüllung war. Irgendwie war ich dankbar für die Absage – auch wenn alles mehr als ein halbes Jahr an mir genagt hatte. Viele Frauen neigen dazu, zu viel Energie in Sicherheitsdenken zu stecken. Dabei ist es so wichtig, Dinge frei fließen zu lassen und nicht alles kontrollieren zu wollen. Mich hat diese Erkenntnis freier und entspannter gemacht. Klebst du zu sehr an einem Plan, nimmst du dir die Freiheit einer Kurskorrektur. Warum das wichtig ist? Nicht jeder Plan führt zum Erfolg. Wie du vorhin selbst bemerkt hast, gehört auch Scheitern zur Wunscherfüllung. *Wer darauf flexibel reagieren kann, zählt zu den virtuosen Wunscherfüllern.* Sie stehen nach einer Niederlage wieder auf und starten für ihren Wunsch von vorne. Sie leben die Leidenschaft mit geändertem Kurs und hören nicht darauf, was Neider vor oder hinter ihrem Rücken über sie sagen. *Die Leidenschaft ist einfach größer, wichtiger und wahrer.*«

Das erste Mal erlebte ich Pauline auf dieser Ebene völlig offen mir gegenüber. Sie gewährte mir einen Einblick in ihren Weg, und ich sah eine Frau, die viel erlebt und sich trotzdem Entspanntheit und Leidenschaft bewahrt hatte. »So möchte ich auch sein, wenn ich in ihrem Alter bin«, dachte ich. Trotzdem wollte ich bezüglich meiner Frage noch einmal nachstoßen: »Aber dann gibt es ja doch ein Rezept, oder? Wunsch, Ziel, Plan und die Visualisierung des Wunsches und der eigenen Zukunft.«

»Wenn du das als Rezept sehen willst, okay. Vielleicht ist aber Wertigkeit, Wichtigkeit und Wirklichkeit das Rezept. Es ist keine Garantie, aber die Chance, dein Ziel zu erreichen, ist größer. Fast alle unserer Wünsche liegen außerhalb unserer Komfortzone. Wir wollen uns nicht verändern, weil es anstrengend ist. *Wunscherfüllung bedeutet Arbeit.* Wenn wir aber aus dem Erkennen unserer Wünsche konkrete Ziele ableiten, werden sie greifbarer. So verfahre ich übrigens auch bei meiner Tätigkeit als Beraterin. Ich mache stets eine kurze Analyse der Ziele mit meinen Kunden, um sie zu konkretisieren.«

Das war alles sehr viel auf einmal. »Aber, wie funktioniert das Formulieren eines Ziels jetzt aus deiner Sicht genau? Wie gehe ich das an? Ich glaube zwar, in meiner Position fast täglich Ziele zu formulieren, bin mir aber seit unseren Treffen nicht mehr sicher, ob ich es wirklich richtig mache.«

»Okay, noch einmal der Reihe nach. Du hast einen Wunsch. Nehmen wir als Beispiel, dass du mit dem Rauchen aufhören möchtest. Das ist ja eine Sache, die viele anstreben. Du auch?«

Ich fühlte mich ertappt: »Ja.«

»Dann solltest du zuerst dem Wunsch eine Wertigkeit geben, indem du dir Zeit nimmst und wirklich überlegst, ob es dir ernst damit ist oder ob es ein Wunsch ist, der von deiner Umwelt aktiviert wurde – also fremdgesteuert ist. Dann brauchst du ein realistisches, messbares, klares, aktiv beeinflussbares Ziel. Nehmen wir an, du willst in sechs Wochen Nichtraucher sein. Das ist realistisch. Nun gilt es, all das in einen positiv geprägten Satz in der Gegenwart zu verpacken und ihn mit einem Nutzen zu versehen. Viele vergessen, den Nutzen zu definieren. Wenn man dem Wunsch schon Wertigkeit gegeben hat, fällt einem der Nutzen leichter. Hast du in deinen Zielen einen Nutzen definiert? Was ist der Nutzen in diesem Beispiel mit dem Rauchen? Was wäre dein Nutzen, wenn du aufhörst?«

»Nein, ich habe keinen Nutzen definiert. Das höre ich zum ersten Mal. Ich kenne nur die berühmte SMART-Methode: *S*pezifisch, *M*essbar, *A*kzeptiert, *R*ealistisch und *T*erminisiert.«

»Ja, das ist die gängige Methode. Nur, wenn ich von einem Ziel keinen definierten Nutzen habe, habe ich ein Problem. Warum sollte ich es dann erreichen wollen? Wir rufen uns den Nutzen zu selten vor Augen. Er sollte aber in dem Ziel formuliert sein.«

»Das leuchtet mir ein. Das hat bei mir eindeutig gefehlt. Okay, zu deiner Frage bezüglich rauchen: Ich will einen Marathon laufen und irgendwie merke ich beim Training, dass ich hinter meinen Möglichkeiten zurückbleibe.«

»Das ist ein hervorragender Nutzen. Er ist greifbar und ehrlich. Damit stehen die Chancen gut, dein Ziel zu erreichen.«

»Okay, ich versuche es: Es ist Jänner 2017 und ich bin durch mein Marathontraining rauchfrei geworden und erreiche durch den Verzicht meine angepeilte Marathonzeit von viereinhalb Stunden.«

»Genau. Der Nutzen ist wirklich wichtig, um die Zigaretten nicht anzugreifen und zu wissen, warum du eigentlich aufgehört hast. Ohne Nutzen hat das Ganze weitaus weniger Energie. So, und jetzt suchst du nach den Einflussfaktoren!«

»Was heißt das?«

»Jeder Wunsch und das danach definierte Ziel werden von unterschiedlichen Faktoren beeinflusst. In deinem Fall von rauchenden Freunden und Kollegen, Ritualen wie Kaffeetrinken mit Kollegen oder Rauchpausen, Stress, körperlichen Mangelerscheinungen, Rückschlägen, Gedanken, schlechter Laune, einer freieren Lunge und vielen anderen Aspekten. Es gibt positive, negative und neutrale Einflussfaktoren. Wir erreichen Wünsche manchmal nicht, weil wir uns schon vorher Sorgen machen, ob das alles überhaupt möglich ist. Durch die Einflussfaktoren wird uns bewusst, was unsere Hindernisse und unsere Ressourcen sind – und durch das Ziel ergibt sich ein Plan.«

»Wirklich interessant. Bis jetzt habe ich nur Ziele definiert, aber sie selten analysiert, weil sie ja schon realistisch sind. Mir hat aber meist der konkrete Plan gefehlt, außer es waren Projektziele im Business. Die aber auch nicht immer erreicht wurden. Durch die Einflussfaktoren wird mir klar, was ich überwinden muss und was mich bei der Überwindung der Hindernisse unterstützt.«

»Genau. Du bekommst mehr Sicherheit und ein besseres Gefühl für das Ziel. Es wird klarer und somit greifbarer. Es rückt deiner Komfortzone näher und somit ist es leichter zu erreichen. Oft sind die Einflussfaktoren nichts Neues. Sie zu Papier zu bringen, ermöglicht dir aber eine bewusstere Sicht auf die Ressourcen.«

Das alles klang einleuchtend – und trotzdem hatte ich es so zuvor noch nicht gehört. Das war ein wirklicher Unterschied zu den sonstigen Zugängen. Analyse war zwar nicht unbedingt meine Kernkompetenz, aber dieser Ansatz klang logisch und nachvollziehbar.

»Hast du Wunsch, Ziel und Einflussfaktoren erarbeitet, bildest du daraus deine Geschichte aus der Zukunft. Du stellst dir vor, wie du das Ziel erreicht hast. Schreibe möglichst exakt auf, wie sich das erreichte Ziel anfühlt, wie du geschwitzt hast, wann du ein Tief hattest und was jetzt und hier nach der Ziellinie in dir vorgeht. Das ist immens wichtig. *Nimm dir Zeit dafür, aber nur, wenn dir der Wunsch extrem wichtig ist.* Ansonsten ist es reine Zeitverschwendung.«

Ich hatte viel zu verdauen und war mir nicht sicher, ob ich nach Paulines Ausführung den kompletten Durchblick hatte. Und gleichzeitig fühlte ich mich, als verstünde ich zum ersten Mal, worum es beim Wünschen ging. Es würde anstrengend werden, meine Ziele zu erreichen, aber ich hatte das Gefühl, sie erreichen zu können. Und eines wurde mir zumindest klar: Warum in der Vergangenheit vieles nicht funktioniert hatte. Obwohl mir der Kopf rauchte, hatte ich richtig Lust darauf, die Sache anzugehen. Diesmal richtig.

Ich folge meiner Neugier und nütze mein Wissen

»(For) knowledge (itself) is power« – »Denn Wissen selbst ist Macht«, formulierte der englische Philosoph Francis Bacon. Dieser Satz hatte mich fasziniert, weil er viel Wahrheit in wenigen Worten auf den Punkt brachte. Nach Paulines letzten Ausführungen war mir klar, dass Wissen auch bei der Wunscherfüllung eine zentrale Rolle spielen musste. Wünsche wahr werden zu lassen, ist keine Magie, kein »Reiben der Lampe«. Wundersame Dinge ereignen sich nicht von selbst. Es ist auch eine Sache des Willens und eine Frage des Wissens.

Klassische Wissensinstrumente wie Weiterbildung, Bücher oder Ausbildungen sind in dem Zusammenhang weniger wichtig. Aber zu wissen, welches Netzwerk für meine Wunscherfüllung günstig ist oder welche Entzugsmethode mich näher zu meinem Rauchfreiwunsch bringt, waren sicherlich hilfreich. Erfolgreiches Wünschen ist eine Frage der richtigen strategischen Vorgehensweise.

Ich griff zum Telefon und rief aus Neugierde Pauline an. Auf meine Frage, ob dieser Bereich wirklich wichtig ist, griff sie wieder auf ihre in den Interviews gewonnenen Erkenntnisse zurück.

»Jeder meiner Interviewpartner wollte so viel wie möglich von seinem Kernbereich wissen, war neugierig auf andere Bereiche oder spezialisierte sich auf seine Art und Weise. Ich habe eine sehr brutale Hypothese zu diesem Thema:

Dumme Menschen sind nicht erfolgreich! Bis zu einer gewissen Ebene kommen sie ganz gut voran, aber ohne das richtige Wissen ist irgendwann Endstation. Darum stimme ich deinen Überlegungen vollkommen zu: Erfolg ist mit Wissen gebündelt.«

Ich dachte nach. Wissen war hilfreich, um beim Wünschen nicht abzuheben und realistisch zu bleiben, aber auch, um die Wunscherfüllung zu beschleunigen. Mehr Wissen ging Hand in Hand mit mehr Möglichkeiten.

Pauline hatte noch weitere Gedanken dazu: »Was wir nicht vergessen dürfen, ist, dass auch kluge Menschen nicht davor gefeit sind, dumme Dinge zu tun. Das hat aber nichts mit Wissen oder Dummheit zu tun. Es hat mit Urteilsvermögen und Realitätsverlust zu tun. Wenn Menschen ›nach oben‹ kommen, fehlt ihnen sehr oft die Bodenhaftung und ihr Machtanspruch steigt ins Unermessliche. Dann trifft der eine oder andere Entscheidungen, die mehr dem Ego dienen als dem Glück.«

Ja, das hatte ich bei sehr erfolgreichen Menschen oft fassungslos beobachtet. Übersteigertes Ego und Wissen waren sicherlich keine konstruktive Kombination. Wobei ein gesundes Ego ja nichts Schlechtes ist. Zu viel davon bringt einen jedoch rasch in eine Irrationalität und falsche Selbstwahrnehmung. War ich eigentlich wissbegierig? Tief in mir hatte ich mich früher als Streber gesehen, weil ich Dingen auf den Grund gehen wollte. Oft recherchierte ich nach der Schule auf eigene Faust, weil ich neugierig auf das Leben war und was es zu bieten hatte. Meine Großmutter hatte oft den Spruch »Zuerst die Arbeit, dann das Vergnügen« verwendet. Ich verstand das schon als Kind und lebte danach. Meine Freunde wussten davon nichts. Das wäre ziemlich uncool angekommen, denke ich. Es waren übrigens nicht die Noten, die mich motivierten, sondern der Wunsch, Wissen in mein Gehirn zu bringen. Und es gibt Wissen aus dieser Zeit, das ich bis heute behalten habe. Gott, wie ich Bücher geliebt hatte! Das war eine der Leidenschaften, die mir in den letzten Jahren irgendwie abhandengekommen war. Seit den letzten Wochen gehörte Lesen wieder zu meinen Lieblingsbeschäftigungen. Den Grundstein des Lesens hatte eine geniale Volksschullehrerin gelegt, die mir gezeigt hatte, dass Lernen Spaß machen kann. Ich erinnere mich an ihre Worte: »Lerne nicht für die Schule, sondern für dich. Nimm das mit, was du für wichtig hältst. Den Rest verlierst du ohnehin auf dem Weg zum Erwachsenen.«

»Überlege, wo du heute stehen würdest ohne Wissen oder Erfahrung?« – Oh, Pauline war ja auch noch am Handy. Ich hatte sie vor lauter Grübeln fast vergessen. »Kinder machen ab dem ersten Lebenstag ihre Erfahrungen und erlangen so überlebensnotwendiges Wissen. Dieses Wissen kommt ihnen niemals wieder abhanden. Das Gleiche gilt für uns: Wir alle lernen tagtäglich Neues im Laufe unserer Entwicklung, und dieses Wissen – gern auch Erfahrung genannt – nimmt uns niemand mehr weg. Natürlich gibt es Menschen, die einen natürlichen Drang zur Neugierde haben und sich so immer mehr Wissen auf spielerische Weise aneignen. Andere Menschen müssen sich ihr Wissen hart erarbeiten. Und dann gibt es jene Menschen, die nichts Neues mehr lernen wollen und sich dem Fortschritt und der Technik verweigern. Welche von diesen drei Gruppen hat aus deiner Sicht am meisten Spaß?«

Bei der letzten Gruppe fiel mir einer meiner ersten Vorgesetzten ein. Er stand kurz vor der Pensionierung und durfte in einem großen Konzern die letzten Jahre zubringen, ohne dass sein Beitrag noch wirklich nennenswert für den Firmenerfolg gewesen wäre. Er war von einem mir rätselhaften Stolz erfüllt, mit dem er technische Neuerungen ablehnte, und erzählte oft stolz, dass er seine Arbeit ohne Computer zuwege bringe. Als ich ihm einmal in seinem Büro gegenübersaß, entdeckte ich einen PC auf seinem Schreibtisch. Ich dachte, dass es wohl doch nicht ganz ohne Technik ging.

Doch beim zweiten Hinsehen erkannte ich, dass es sich um eine PC-Attrappe handelte, wie man sie in Möbelhäusern in ausgestellten Arbeitszimmern findet. Ich fand es bemerkenswert, dass sich ein Mensch dem Fortschritt verweigerte, aber derart viel in den Schein investierte, doch dazuzugehören.

Pauline sprach weiter: »Natürlich gibt es viele Facetten bei der Art, wie Menschen mit Wissen umgehen und es sich aneignen. Nichts im Leben ist nur Schwarz-Weiß. Trotzdem hat aus meiner Sicht der Neugierige am meisten Spaß. Vielleicht lernt er nicht so effizient wie der ›Streber‹, aber dafür mit Freude.«

Das konnte ich gut nachvollziehen. »Mit Spaß geht alles leichter.«

»Du sagst es. Das gilt besonders für die Wunscherfüllung. Ich habe einmal einen Berater getroffen, der sich selbst wenig Spaß gegönnt hat. Er erzählte mir, dass er sein komplettes Wissen in einen Safe packt. All seine Skripten und seine Computersicherungen waren dort gelagert. Kunden, die keine spezielle Copyright-Klausel unterzeichneten, bekamen nicht einmal ein Handout von ihm. Und das war zu einer Zeit, in der alle bereits mit Internet arbeiteten. Für mich war das ein Paradebeispiel für einen Spaßbremser und Streber.«

Dazu fiel mir ein Spruch von Andreas Tenzer, einem deutschen Philosophen und Pädagogen, ein: *»Das wichtigste Wissen ist zu wissen, was wichtig ist.«*

Pauline gefiel das: »Genau darum geht es – wenn man dabei noch Spaß hat, ist das das Größte. Geld, Positionen und Freunde können dir abhandenkommen. Wissen nicht. Es ist in dir und fast immer abrufbar. Das Ego sollte dabei nicht unbedingt wichtig sein. Es ist egal, aus welcher Familie jemand kommt und welche Geschichte er mitbringt. Du kannst dir Wissen im Internet holen. Du kannst Wissen von Menschen kriegen, die schon Erfahrungen im Leben gesammelt haben, du kannst auch Kurse und Unis besuchen. Du sprichst mit Freunden über ein Problem und schon erzählt dir jemand, wie es mit bestimmtem Wissen zu lösen ist. Fragen zu stellen, ermöglicht sehr viel Wissenserweiterung. Wie Kinder, die in einer bestimmten Lebensphase alles ab- und hinterfragen: ›Warum ist das so?‹ ›Warum so?‹ ›Oder so?‹ Sie wollen es einfach wissen. Irgendwann glauben wir, alles zu wissen, und vergessen, zu fragen. Meist ist dieses Wissen kostenlos und es ist zu jeder Zeit verfügbar. Bücher sind nur einer von vielen Einflüssen auf unser Wissen. Erfahrungen oder Gespräche mit Menschen, die Unglaubliches erlebt oder erreicht haben, bieten ebenfalls die Möglichkeit, emotionales Wissen aufzubauen. Das Reisen und meine Augen beim Unterwegssein offenzuhalten, schaffen neue Räume in meinem Gehirn. Wissen ist verfügbar, und das sollte man bei der Wunscherfüllung beherzigen.«

»Sind Intelligenz oder Wissen wirklich wichtig für meine Wünsche? Bei Intelligenz geht es ja um Eigenschaften wie Denkvermögen, Auffassungsgabe, Rationalität, Logik, Urteilsvermögen, Aufmerksamkeit, Kreativität, sprachliches Verständnis oder Assoziationsfähigkeit. All diese Fähigkeiten sind maßgeblich von den Erbanlagen und umgebenden Umwelteinflüssen wie Familie oder Erziehung … bestimmt, Intelligenz lässt sich ja nur bedingt erhöhen.«

Pauline ließ ein kurzes »Mmhh« hören.

»Im Gegensatz dazu umfasst das ›Wissen‹ alle bewusst oder unbewusst erlernten Fakten, Theorien und Regeln, über die ein Mensch verfügt. Denke nur an die Emotionen bei guten Geschichten, die Trauer bei einem Todesfall, die traditionellen Bestandteile bei einer Hochzeit: Wenn man sich darüber noch keine Gedanken gemacht hat, erlebt man diese Aspekte bei der ersten Teilnahme an einer Hochzeitsfeier unmittelbar. Wir erlernen Brauchtümer oder Rituale nicht über Bücher, sondern über Erfahrung, Mitmachen und Zuschauen.«

»Da hast du sicher recht. Die gute Nachricht: Intelligenz allein ist keine Garantie für Erfolg und Lebensqualität. Und: Wissen kann fehlende Intelligenz ausgleichen und ist lebenslang erweiterbar.«

»Sollte ich also mein Wissen steigern, um einzelne Wünsche erfüllt zu bekommen?« Das war so offensichtlich, dass ich die Frage gar nicht laut stellen wollte. Ich tat es trotzdem: »Wie genau soll ich mir Wissen aneignen?«

»Du solltest nie aufhören, dazuzulernen. Was genau, hängt auch davon ab, welchen Wunsch du hast. Eigne dir das an, was für deine Wunscherfüllung hilfreich ist. Will eine Ärztin ihre medizinische Kompetenz mit dem Bereich Homöopathie aufwerten, hilft es, wenn sie sich neben dem Studium zusätzliches Wissen in diesem Gebiet aneignet. Intelligenten Menschen fällt es natürlich leichter, sich Wissen anzueignen, weil das bereits vorhandene Wissen mit neuem Wissen in Beziehung gebracht wird. Sie verankern die neuen Informationen rascher im Gehirn und können sie jederzeit abrufen. Wenn du bereits viel über Autos weißt, weil dein Vater Automechaniker war und er dich in die Werkstatt mitgenommen hat, baust du auf diesem Grundwissen auf und erweiterst es. Du kannst aber auch ohne dieses Fundament Wissen über einen beliebigen Bereich aufbauen. Wie ich vorhin erwähnt habe, müssen wir uns – je nach individueller Voraussetzung – unterschiedlich anstrengen, um an Wissen zu gelangen, es zu verstehen, zu verinnerlichen und anwenden zu können. Leichter fällt es, wenn der Wunsch sehr dringlich ist und unbedingt erfüllt werden will. Es hilft, wenn du dein persönliches Lernverhalten und deine Lernbedürfnisse ermittelst, um die für dich geeignetste Lernmethode anzuwenden.

Wichtig ist, dass du weder unter- noch überfordert bist. Und vergiss dabei nicht den Spaß. Das macht das Lernen einfacher. Wenn ich nicht wirklich Gitarre spielen möchte, werde ich es nicht lernen wollen – und es auch nicht tun.

Genau an diesem Hebel setzen die Montessorischulen an: lernen nach individuellem Interesse. Dort sind Kinder ›Baumeister ihres Selbst‹ und lernen im offenen Unterricht und in der Freiarbeit. Die Lehrenden beobachten jedes Kind und wenden individuell geeignete didaktische Techniken an, um den Lernprozess optimal zu fördern. Als Grundgedanke gilt: ›Hilf mir, es selbst zu tun.‹ Ich würde noch hinzufügen: ›… wenn ich es brauche.‹ Mir fällt dazu immer meine Volksschullehrerin ein. Sie hatte es geschafft, meine natürliche Wissbegierde so zu verstärken, dass mir meine Neugierde nie verloren ging. Diese Lust an der Neugierde habe ich mir mein Leben lang erhalten. Als Jugendliche sah ich während eines Urlaubs einen mir unbekannten Bootstypen. Er hatte in der Mitte einen Zylinder und keine Segel – war aber trotzdem eindeutig ein Segelboot. Ich wartete, bis das Boot angelegt hatte, und begann ein Gespräch mit dem Eigentümer, bei dem mir in zehn Minuten immens viel Wissen weitergegeben wurde. Es handelte sich – wie ich erfahren hatte – um ein Boot mit Flettner-Rotor. Ich war froh, dass ich das Gespräch gesucht hatte und so viel daraus mitnehmen konnte.«

Ich verstand, was Pauline meinte: Wenn ich einen offenen Zugang zum Leben habe, bleibe ich Neuem gegenüber offen. Dadurch kann ich schwierige Situationen besser meistern, weil ich mich nicht davor scheue, nachzufragen, anzusprechen und Lösungen zu finden.

Viele Menschen halten sich zum Beispiel – so wie ich mich früher selbst auch – für Weinkenner. Aufgrund einiger Dinge, die ich mir zu dem Thema angeeignet hatte, hielt ich mich für einen Experten und kam gar nicht mehr auf die Idee, meine bestehende Meinung zu überdenken oder neue Fragen zu stellen. Erst als ich einen »echten« Weinexperten traf, wurde mir klar, wie rudimentär mein Wissen tatsächlich war. Eigentlich schade um die Zeit. Ich hatte mir viele Jahre die Möglichkeit genommen, mein Wissen auf einem Gebiet zu erweitern, in dem ich grundsätzlich Bescheid wusste und das mich interessierte. Stolz und Ego sind manchmal unangenehme Begleiter und hartnäckige Lernverhinderer.

Pauline kannte das auch: »Obwohl ich bei dem Boot erlebt hatte, wie bereichernd es war, sich aktiv Wissen anzueignen, tappte ich auch später noch in die Falle des Nicht-Nachfragens. Doch, nach einigen Erfahrungen wusste ich schließlich: Die Befriedigung, aus eigenen Stücken meine Neugierde gestillt zu haben, und das Gefühl, jemand Wissenden um Hilfe zu bitten, waren etwas Besonderes. Wissen ist etwas, das mir gehört und das viele Menschen glücklicher, zufriedener und manche erfolgreicher macht.«

»Aber es sind nicht alle erfolgreichen Menschen Streber, nur weil sie sich viel Wissen angeeignet haben, oder?« Ich kannte die Antwort, aber mich interessierten Paulines Ausführungen dazu.

»Im Gegenteil. Meist sind sie Mittelmaß und unterscheiden sich nur durch einen gewissen Weitblick. Gerade im Interview mit Nicole Wesner wurde mir das bewusst, weil wir in einem Lokal zusammensaßen, in dem zwei Arten von Kellnern bedienten: Die einen brachten das Getränk und gingen wieder zurück zur Ausschank. Die anderen leerten gleichzeitig den Aschenbecher aus und fragen, ob man noch einen Wunsch hätte. Unser Schulsystem unterstützt unsere Gesellschaft nicht unbedingt dabei, die zweite Art von Kellnern hervorzubringen. Wir produzieren keine selbstdenkenden Menschen. Wir lernen in der Schule, ein System zu befolgen und zu lernen, wie es dieses System vorgibt. Brauchst du eine andere Methode oder denkst du über deinen Tellerrand, bist du unangenehm und auffällig. Einerseits sollen Menschen Selbstverantwortung und Engagement im Job zeigen, andererseits lernen wir es nicht in unseren Systemen. Ich denke, wir müssen von uns aus in Wissen investieren und es als wichtig betrachten, unseren Geist in Eigeninitiative zu füttern. Weiterbildung jenseits der Norm kostet zwar Zeit, Geld und Aufwand – es erweitert aber ungemein den Horizont.«

Das klang für mich etwas hart und unangenehm. Es ist ja nicht so, dass jeder die Möglichkeiten dazu hat – sei es finanziell oder zeitlich. Musste ich vor Wissen strotzen, um mir meine Wünsche erfüllen zu können? Aber mir war schnell klar, dass das gar nicht so gemeint war. Es gibt ja im Internetzeitalter unendlich viele Zugänge zu Wissen. Wer sich für ein Thema wirklich interessiert, wird langfristig unweigerlich zum Experten. Brenne ich für ein Thema, will ich alles darüber wissen – egal, wie ich das anstelle.

Ich erinnerte mich an die Begegnung mit einem Menschen, der es – wie man so schön sagt – finanziell geschafft hatte. Er erzählte mir in einem sehr offenen Gespräch, wie hoch er vielfältiges Wissen einschätze: »Es reicht nicht, wenn du Experte für ein Thema bist, sondern du musst Vertriebler, Buchhalter, Banker, Anwalt und Risikomanager in einem sein. Du kannst natürlich Experten beschäftigen, die all dieses Wissen für dich horten. Aber nur, wer eigenes Wissen hat, kann das Expertenwissen besser verstehen.«

Auch diese Aussage verstand ich jetzt besser. Ich denke, es ist wichtig, über ein Grundwissen zu verfügen, wenn wir unsere Wünsche analysieren und sie erreichen wollen. Wenn ich also diese neue Position anstrebe – welche, war mir zum damaligen Zeitpunkt selbst noch nicht ganz klar –, sollte ich zumindest schon einmal 40 bis 60 Prozent an Grundvoraussetzungen für diesen Aufgabenbereich erfüllen und darauf weiteres Wissen für den Job aufbauen. Wenn jemand als Friseur arbeiten möchte, wird er das ohne das in einer Lehre erworbene Grundwissen nicht tun können. Will ein gelernter Friseur jedoch einen eigenen Salon aufmachen, braucht er sein Wissen nur um gewerberechtliche und kaufmännische Aspekte erweitern, um sich diesen Wunsch zu erfüllen. Viele Menschen treffen Entscheidungen und können ihre Risiken aus Unwissenheit nicht realistisch einschätzen. Ich verstand, dass das so wichtig war, um mir meinen Wunsch – also die neuen Position – zu erfüllen. Fehlt mir wichtiges Wissen, gefährde ich nicht nur meine Position, sondern auch das Unternehmen. Wahrscheinlich ist es unmöglich, über alles Bescheid zu wissen, aber ein Politiker, der als politisches Ziel angibt, mehr Frauen in Führungspositionen zu bekommen, wird schnell unglaubwürdig, wenn es in seiner eigenen Partei wenige Frauen gibt. Dann stellt sich automatisch die Frage nach der Wertigkeit seines Wunsches.

Pauline schien meine Pausen zu mögen. Sie gab mir zwischendurch genügend Zeit zum Nachdenken – auch wenn das bedeutete, dass für eine halbe Minute keiner von uns etwas sagte, bis sie dem Thema wieder einen neuen Impuls gab: »Ich würde es spannend finden, wenn jemand zum Friseur kommt und der Friseur fängt einfach zu schneiden an – ohne zu fragen, was eigentlich gewünscht ist.«

»Wie? Ohne den Kunden zu fragen, weswegen er da ist und wofür er zu bezahlen gedenkt?«

»Ja, ohne die Bedürfnisse und Wünsche abzufragen. Wie oft passiert uns das im Alltag? Wie oft starten wir los, ohne uns notwendiges Wissen anzueignen und unserer Wünsche bewusst zu sein, und ohne die Bedürfnisse des Gegenübers einzuholen? Ziemlich oft, würde ich sagen.«

»Mir hat einmal ein Vorgesetzter gesagt: ›Termine, auf die man sich nicht vorbereitet, sind verlorene Termine. Sie kosten mich und mein Unternehmen viel Zeit und somit Geld.‹«

Pauline wurde plötzlich ernst. »Merke dir diese Geschichte. Denn sie trifft den Nagel bezüglich des Wünschens auf den Kopf. Wenn du den Wunsch hast, einen neuen Verantwortungsbereich oder eine Gehaltserhöhung zu bekommen, und du gehst ohne Vorkenntnisse, ohne Recherche und ohne detaillierte Überlegungen in das Gespräch – glaubst du, dass dir dein Wunsch erfüllt wird?! Natürlich nicht.«

Das traf den Nagel auf den Kopf. Wie viele Wünsche würden wir uns wohl erfüllt haben, wenn wir besser vorbereitet und mit mehr Wissen in das Vorhaben gegangen wären. Das Argument, dass nicht genug Zeit für die Vorbereitung war, war im Endeffekt nur eine bequeme Ausrede. Zeit war nicht das Thema, sondern die eigene Prioritätenliste. Jetzt wollte ich für mein Vorhaben Details wissen: »Stimmt. Aber, wie setze ich das alles jetzt am besten für meine Wünsche ein, liebe Pauline?«

»Nun, ganz einfach: Zuerst formulierst du deinen Wunsch in ein Ziel, dann machst du dir ein Bild davon und als nächster Schritt kommt – wie gerade besprochen – die Analyse, auf welchen Gebieten du zusätzliches Wissen benötigst.«

Also, wie ich es mir gedacht hatte: Sobald ich mir klar geworden bin, was genau ich dem Unternehmen als meinen nächsten beruflichen Schritt anbieten möchte, überlege ich mir gleichzeitig, welches Wissen ich mir noch aneignen muss.

Ich wurde nervös und gleichzeitig kribbelte es in mir. Zum zweiten Mal erhielt ich so etwas wie eine Anleitung, um meinen Wünschen näher zu kommen. Gleichzeitig irritierte es mich, da ich dachte, Wünsche können nicht »nach Plan« ablaufen. Bei diesem Thema schien alles möglich und unmöglich zugleich zu sein – ohne dass sich das in irgendeiner Form in die Quere kam. Aber, andererseits: Was hielt mich davon ab, einfach das auszuprobieren, was mir Pauline sagte? Ich glühte vor Energie und wollte das Gespräch mit Pauline beenden, um mich intensiv mit meinen Wünschen auseinanderzusetzen. Pauline spürte meine Veränderung, wünschte mir viel Spaß und beendete das Gespräch.

Sie ließ mich mit einer brennenden Frage zurück: *Was will ich wirklich?*

Ich will kein Schaf mehr sein

Es war keine bewusste Entscheidung, aber nach den vielen Informationshäppchen von Pauline fing ich plötzlich damit an, mich für Persönlichkeiten zu interessieren, die es – wie man so schön sagt – »geschafft haben«. Ich hatte zwar keine Ambitionen, groß rauszukommen und ein Star zu werden, aber ich wollte herausfinden, was gewisse Menschen alles getan hatten, um sich ihre Wünsche zu erfüllen. Ich stürzte mich auf die Biografien von Arnold Schwarzenegger, Ute Bock, Niki Lauda und anderen Selfmade-VIPs, deren Werdegang ich bewunderte. Wie verrückt musste man sein, um derart gegen den Strom zu schwimmen und damit erfolgreich zu sein? Es gab sicherlich Tausende, die der Meinung waren, dass es keine Kunst war, ein Auto zu fahren. Aber der scheinbar leichte Weg ist steiniger, als sich viele vorstellen, so lange sie nicht hinter die Fassade geblickt haben. Lauda fuhr nicht nur erfolgreich Formel-1-Rennen, er war maßgeblich an der Weiterentwicklung und am Feintuning seines Boliden beteiligt.

»Anders« zu sein, schien einen großen Vorteil zu haben: Jene, die anders sind, ragen aus der Masse heraus und haben dadurch einen völlig anderen Blick auf die Dinge. Aber, was brachte diese Menschen dazu, »anders« zu sein? Ich konnte mir das nur so erklären: Wenn ich nicht mit der Masse mitschwimmen will, kann das zwei Ursachen haben. Entweder will ich Individualist bleiben und entscheide mich bewusst gegen den Mainstream oder ich weiß schlichtweg nichts darüber, wie die Masse tickt, und gehe von Anfang an kompromisslos meinen eigenen Weg.

Ich glaube nicht, dass der individuelle Weg etwas damit zu tun hat, sich von Menschen fernzuhalten. Wir Menschen lieben grundsätzlich die Gesellschaft anderer Menschen und sind in gewisser Hinsicht »Herdentiere«. Dieser Vergleich ist gar nicht einmal so falsch. Kürzlich stieß ich online auf ein Forschungsprojekt der Universität Leeds. Darin wurde aufgezeigt, dass bei vielen Menschen die Tendenz besteht, sich wie Schafe zu verhalten. Sprich: Sie folgen unbewusst dem Verhalten der Masse – gerade so, als ob sie nicht in der Lage wären, für sich selbst zu denken. Natürlich kann dieses Verhaltensmuster in bestimmten Situationen nützlich sein – beispielsweise für die Planung der Fußgängerströme an verkehrsreichen Orten –, aber auf mich wirkte es ziemlich entmutigend.

Aber gerade das war die Chance für Idealisten, ihren eigenen Weg zu gehen. Pauline hatte mir von ihrem Interview mit Mag. Hannah Lessing, der Generalsekretärin des Nationalfonds der Republik Österreich für Opfer des Nationalsozialismus, erzählt. Ihr war immer klar, dass sie anders ist, da sie sich mit Dingen beschäftigte, an denen andere nicht einmal anstreifen wollten. Sie ging manchmal scheinbar irrationale Wege, um Menschen zu helfen, und wählte bewusst den härteren Weg, um aufzuzeigen, dass es notwendig ist, Verantwortung für Taten zu übernehmen. Nachdem sie die Aufgabe übernommen hatte, teilte sie ihrer Vorgesetzten mit, dass es ihr wichtig ist, jeden einzelnen Fall aufzuarbeiten. Das würde Geld und Unmengen an Ressourcen und Zeit erfordern. Sie wollte keine Alibiaktionen setzen, sondern einen wertschätzenden Umgang mit den Schicksalen der Menschen sicherstellen. Ein entschuldigender Händedruck allein würde den Eigentümern nichts zurückgeben. Gerade bei diesem schwierigen Thema kam mir natürlich die Kehrseite der Medaille ebenso in den Sinn. Denn auch jene, die diese Taten begangen hatten, waren ihrem Fokus gefolgt. Leidenschaft kann in den Abgrund führen, wenn sie von irrationalen Prinzipien eines Führers wie Hitler durchgesetzt wird. Das hatte mir Pauline in einem der letzten Gespräche erklärt: Es gibt Menschen, die nicht wie Hannah Wünsche und Ziele haben, welche vorrangig anderen dienen, sondern Absichten, die zu einem großen Maß anderen Menschen schaden. Dazu muss man sich nur die vielen Korruptionsfälle anschauen.

Interessiert googelte ich noch einmal nach der Leeds-Studie. Sie besagte, dass eine Minderheit von fünf Prozent ausreicht, um die Richtung festzulegen, die eine Menschenmenge einschlägt. Dann folgen die restlichen 95 Prozent, ohne überhaupt zu merken, was vor sich geht. Wie wurde so etwas bewiesen? Professor Krause und sein Doktorand John Dyer hatten eine Reihe von Experimenten durchgeführt, bei denen Freiwillige gruppenweise ungeordnet durch eine große Halle gingen. Einzelne aus der jeweiligen Gruppe erhielten Anweisungen, wohin sie gehen sollten. Die Teilnehmer durften untereinander weder kommunizieren noch andere bewusst beeinflussen. In allen (!) Fällen zeigte sich, dass die übrigen Teilnehmer den instruierten Personen folgten und sich dadurch eine sich selbst organisierende, schlangenartige Struktur bildete – oder, in anderen Worten: eine Schafherde.

Wurde ich eigentlich schon einmal von einer Menge mitgerissen? Ja, ich hatte das in unterschiedlichen Bereichen erlebt. Am schlimmsten erfuhr ich den Herdentrieb bei Veranstaltungen, bei denen Menschen ein gemeinsames Ziel hatten – also Messen oder Tagungen. Auf dem Weg zu Sitzungssälen oder Speiseräumen bewegte sich die Masse wie eine Einheit – und ich war mittendrin. Eigentlich war es angenehm, manchmal nichts denken zu müssen und die Verantwortung abzugeben. Die anderen würden schon wissen, wo es langgeht.

Ein faszinierender Aspekt des Leeds-Experiments war außerdem, dass die »Schafe« nicht mitbekamen, dass sie in Wirklichkeit von einigen wenigen »geführt« wurden. Das war beängstigend. Dass Menschen dieses Geführt-Werden so einfach zuließen, brachte ich instinktiv mit Sekten, Glaubensbewegungen und Parteien in Zusammenhang. Aber offensichtlich passiert es genauso im Alltag und ohne Ideologie. Anscheinend sind Menschen dazu bereit, alles zu glauben oder blind zu tolerieren, so lange es mit ausreichender gesellschaftlicher Glaubwürdigkeit vorgetragen wird. Bei dem Gedanken lief mir ein Schauer über den Rücken. Auch ich war ein Teil davon – vielleicht öfter, als mir das bewusst war.

Das brachte mich auf ein interessantes Gedankenexperiment: Was würde passieren, wenn ich einen ganzen Tag lang der Masse meine Verantwortung übergeben würde? Ich würde in der Früh aufstehen, und meine Frau (die gerade in meinem Leben nicht vorhanden war) würde entscheiden, was ich essen und anziehen soll, wie ich zur Arbeit komme und wann ich das Haus verlassen muss. Danach würden meine Kollegen über meine Termine und meinen Tagesablauf entscheiden. Gut, Letzteres passierte eigentlich ohnehin in meinem realen Leben. Am Abend würde jemand anderer über mein Essen, meine Getränke und mein Abendprogramm entscheiden und irgendwann bestimmen, wann ich ins Bett gehe. Je weiter ich dieses Gedankenexperiment trieb, desto mehr wurde mir bewusst, dass das weniger realitätsfern war als angenommen. In Wahrheit entschied die Kantine meines Arbeitgebers jeden Tag, was ich esse. Meine Firma verfügte den ganzen Tag nach Belieben über mich. Mein Verantwortungsbereich und Arbeitsvolumen legten fest, wann ich schlafen gehen und aufstehen sollte, um am nächsten Tag ausgeruht meine Leistung erbringen zu können. Ich kam ins Grübeln: Was entschied ich eigentlich noch allein? Und was hatte jemand anderer für mich übernommen, weil ich es zugelassen habe. Klar, ich hatte jederzeit die Kraft meiner freien Entscheidung. Aber mein Handlungsspielraum war kleiner als angenommen. Mir wurde klar: Ich schwimme mit dem Strom. Ich halte mich an die Norm. Ich bin die Norm. Ich bin ein Schaf!

Aber, wie sah es privat aus? Kleidung war für mich auch so ein fragwürdiges Massenphänomen, bei dem ich mittendrin war. Ich bewegte mich in meinem Geschmack und meiner Auswahl konform mit der Masse. Natürlich war ich der Meinung, dass sich mein Mobiltelefon und meine Markenkleidung durch meine persönliche Note von der Masse abhoben. Aber dann wurde mir bewusst, dass das nur eine andere »Schafherde« war. Die Wirtschaft macht Millionen mit uns scheinbaren Individualisten und bedient diese Sparte gut, indem sie eine vordefinierte Vielfalt produziert. Wirklich »individuell« ist das aber nicht. Es basiert auf Konsum. Ein Schuster, ein Schneider und ein Uhrmacher wären bevorzugte Einkaufsquellen für eingefleischte »Konsumindividualisten«. Doch Individualismus hat auch etwas mit Haltung zu tun – also mit meinen Werten und Vorstellungen vom Leben. Mein persönlicher Individualismus drückt sich sehr stark durch meine persönliche Geisteshaltung und eigenen Wertvorstellungen aus, also dass ich beispielsweise über mehrere Ebenen nachdenke. Wie in dem Film Matrix und bei Paul Watzlawick. Gibt es wirklich eine Wirklichkeit oder gibt es mehr. Wertvorstellungen sind meine Werte, nach denen ich agiere und lebe. Auch wenn es altmodisch ist, bedanke ich mich immer noch, wenn ich etwas bekomme. Egal ob von einer Kellnerin oder von meiner Mutter. Wertschätzung auf allen Ebenen. Freiheit ist auch eine Wertvorstellung von mir, die ich so auslebe, dass ich mir nicht viel sagen lasse, was richtig oder falsch ist, sondern es selbst teste. Dadurch traf ich eigenständige Entscheidungen und bildete mir meine eigene Meinung über Dinge, die in der Welt passierten. Zumindest war ich davon überzeugt gewesen. Doch, wenn ich mir meine Entscheidungen der letzten Jahre bewusst ansah, war ich sehr oft der Herde gefolgt, anstatt meiner inneren Haltung. Freiheit habe ich nicht so gelebt wie zuvor. Ich ließ mir vieles von außen sagen, was richtig oder falsch für mich sei. Bei politischen Diskussionen habe ich meine Meinung eher zurückgehalten, um mich nicht beruflich in ein schlechteres Bild zu rücken. In der Herde bleibt man ruhig. Oder auch bei Kulturthemen war ich zurückhaltend. Hollywoodfilme sind nicht so meins, trotzdem habe ich mir einigen Schwachsinn in den letzten Jahren mit Freunden angesehen, um ja auch dabei zu sein. Und es gibt sicher einige wenige gute Radiosender, trotzdem war meist nur einer am Laufen, um ja im Büro informiert zu sein, was es so an heißen Society-Themen gibt. Für eine individuelle Meinung und Haltung war es aus meiner Sicht notwendig, unterschiedliche Informationskanäle zu nutzen, um sich eine fundierte Meinung zu bilden. Dafür war in den letzten Jahren bei mir oft keine Zeit gewesen und auch kein Austausch mit Freunden. »Man« spricht nicht über Politik, Religion und Geld. Immer heikel am Businessparkett.

Was war ich wirklich? Ein gemäßigter Individualist oder im Moment ein Mensch, der ganz neue Wege geht und die Herde verlässt? Es war schon gut, seinen eigenen Weg zu gehen. Dennoch war es anstrengend, gegen den Strom schwimmen zu müssen. Auch wollte ich Akzeptanz bei meinen Mitmenschen auslösen. Gerade bei der Optik war das eine leichte Übung: Man zog sich die Uniform an und gehörte dazu. Auf diesem schlichten Mechanismus basiert unsere Wirtschaft mittlerweile zum Großteil. Wir individualisieren nur noch Kleidung und Accessoires. Ein Kollege erzählte mir von einem Freund, der sich bewusst anders kleidete als alle anderen. Mein Kollege ging hart mit dieser Haltung ins Gericht, weil er seinen Freund für einen klugen Kopf hielt und dieser sich in seinen Augen durch seinen individuellen Kleidungsstil selbst viel Anerkennung von seinen Mitmenschen versagte. Mit Vollbart, Jeans und legerer Kleidung, die nicht zu einer Führungsperson passt, wird man auf manchen Ebenen nicht ernst genommen. Leider. Er begab sich in eine »Schublade« mit seiner Kleidung, die aber nicht ganz seinen Wertvorstellungen oder seiner inneren Haltung entsprach. Weil er selbst sehr konservativ war und auch sehr ernsthafte Gespräche suchte. Sein Kollege erkannte das Problem und erzählte ihm seine Sichtweise. »Wenn mich jemand nicht so akzeptiert, wie ich bin, ist es das Problem des Gegenübers.« Der Aussage stimmte ich zu. Nur was, wenn ich mich mit meinen Inhalten an möglichst viele Menschen richten wollte? War dann der individuelle Kleidungsstil wichtiger als der Inhalt, oder würde ich mich verstellen und nicht mehr ich sein, wenn ich mich der Uniformkultur beuge, um nicht von vornherein abgelehnt zu werden?

Wenn ich mich aber dem Einheitsbrei der politischen Sicht, des Musikgeschmacks, der Kultur oder auch der Kleidung fügte – wie sollte ich neue Märkte, neue Produkte und neue Menschen kennenlernen? Individualismus eröffnet ja eine neue Welt mit neuen Ideen. Aber woher sollen neue Ideen kommen, wenn alle völlig gleichgeschaltet agieren? Wie komme ich weiter, wenn ich nicht über meinen Tellerrand schaue und mich nur mit Menschen umgebe, die wie Schafe in eine vorgegebene Richtung laufen, sich von wenigen Argumenten und der öffentlichen Berichterstattung »überreden« lassen und die Politik, Leben und Wirtschaft nicht hinterfragen und alles nur durch eine Sicht der Dinge – jener der Masse – stumm akzeptieren, wie es ist?

Pauline hatte mir die Augen geöffnet: Andere Wege zu gehen, hieß, andere Sichtweisen zuzulassen, andere Verhaltensweisen auszuprobieren, seinen Individualismus auszuleben und seine Eigenständigkeit auch zu zeigen, wenn es notwendig ist. Pauline lebte das Anderssein sichtlich. Und, wie mir jetzt bewusst wurde, waren ihre permanenten Fragen Impulse, die mich aus der Massenkompatibilität herausholen sollten. Es ging bei allem darum, dass ich meinen eigenen Weg entdeckte.

Am Abend teilte ich Pauline meine neuen Erkenntnisse in einem Chatroom mit, den wir für solche Gelegenheiten eingerichtet hatten. Eines musste ich ihr lassen: Sie war wirklich sehr innovativ und technikaffin. Berührungsängste kannte sie keine.

»Da hast du eine Menge Wahrheiten erkannt«, freute sich Pauline. »Ich habe beim Thema Individualismus sehr viel von meinen Interviewpartnern gelernt. Sie haben mir aufgezeigt, dass Erfolg bedeutet, seinen eigenen Weg zu gehen und die wichtigen Menschen davon zu überzeugen, die mich dann auch unterstützen. Natürlich sollte uns auch bewusst sein, dass wir damit scheitern können. Darum erfordert der eigene Weg stets Mut. Es geht aber nicht darum, krampfhaft das Rad neu zu erfinden, sondern Dinge aus einer neuen Perspektive zu betrachten und zu leben. Also z.B. aus dem Managerberuf auszusteigen und mit dem Boxen anzufangen, oder dann Karriere zu machen, wenn alle anderen sagen, dass es dafür schon zu spät sei. Frau Mag. Bettina Glatz-Kremsner, Vorstandsdirektorin der Casinos Austria AG und der Österreichischen Lotterien GmbH, war zum Beispiel lange im selben Unternehmen tätig und hat sich dort Schritt für Schritt nach oben gearbeitet. Und das, obwohl Headhunter gemeinhin sagen, fünf Jahre im selben Unternehmen bedeuten Stillstand.«

»Okay. Das heißt also: Es gibt kein Basisrezept für den Erfolg?«

»Vielleicht doch!«

»Wie meinst du das?«

»Wenn du merkst, du tickst anders als andere, könnte es sein, dass du zu den fünf Prozent gehörst, die die Masse meiden, aber nicht hassen. Denn es gibt auch die exzessiven Individualisten, die sich komplett aus allem herausnehmen.

Aber das ist kein empfehlenswerter Weg. Auf deinem Weg sollte immer Leichtigkeit mitschwingen, damit du authentisch bleibst und erfolgreich wirst.«

Diese Worte erinnerten mich an ein Gespräch, dem ich vor Kurzem beigewohnt hatte. Ein Manager hatte sich mit seinem Arztfreund aus London unterhalten und ihn gefragt, ob vegetarische und vegane Ernährung wirklich so gesund seien. Der Arzt lächelte und meinte kurz und prägnant, dass – unabhängig vom Lebensstil – die Balance im Leben wichtig ist, um ausgeglichen und gesund zu sein. Er zeigte auf die Taille des Managers und meinte, dass eine ausgeprägte Taille nicht förderlich für die Gesundheit ist. »Sie scheinen wenig Balance zu haben«, sagte der Arzt. »Es geht darum, auf sich zu achten. Tun Sie das, werden Sie vielleicht keine Modelmaße haben, aber gesund sein. Egal, ob vegan, vegetarisch oder was auch immer – würden die Menschen mehr auf ihre Essensbalance hören, wären sie gesünder.«

Auch die Veganer betrachtete ich nun in einem anderen Licht. Der Veganismus hatte als individuelle Sache begonnen und war dann zu einer Art Massenbewegung geworden. Der Herdentrieb hatte eingesetzt. Aber ich schweifte vom eigentlichen Thema ab. Die Frage, die mich momentan am meisten beschäftigte, war *»Ist es wichtig, aus der Masse herauszustechen und aufzufallen, um das zu erreichen, was ich möchte?«*

Am häufigsten bemerkte ich die Unterschiede zwischen Menschen am Flughafen. Wenn ich mir die Menschen in den Schlangen vor dem Check-in-Schalter ansah, stachen aus der Masse in erster Linie extrem attraktive Frauen und Männer heraus. Danach folgten Menschen, die aus irgendeinem anderen Grund auffielen: durch einen Rollstuhl, eine Glatze, extrem langes Haar oder auffallende Größe. Außerdem nahm ich Menschen mit ausgefallenen Outfits, Tätowierungen oder Frisuren wahr. Fazit: Alles, was »irgendwie anders« war, wirkte auf mich. Und wieder stellte ich mir die Frage:

Wo würde ich mich selbst einordnen? Unter »normal« oder »anders«? Würde ich andere durch mein Anderssein auf mich aufmerksam machen? Muss ich das überhaupt? Und, wie würde das ankommen?

Um jedermanns Liebling zu sein, wäre es taktisch klüger, mit der Masse zu schwimmen. Wer das nicht tut, läuft schnell Gefahr, die Gunst der Masse zu verlieren. Der Mut, sich selbst treu zu bleiben, wird nicht unbedingt honoriert. Das hatte ich insbesondere in den letzten Wochen bemerkt. Ich war ich und gönnte mir Zeit mit mir selbst. Viele meiner scheinbaren Freunde konnten mit meiner reduzierten Verfügbarkeit nicht umgehen. Immerhin lernte ich dadurch andere Menschen kennen oder sah frühere Bekanntschaften in neuem Licht.

Freilich war nicht alles völlig neu an mir. Ich war nicht gegen alles, was mir früher etwas bedeutet hatte. Es war nur in mir anders. Dadurch vertraute ich mehr meinem Weg und hielt daran fest. Meine Szenelokale und die Menschen darin mochte ich weiterhin, aber mein Umfeld hatte eine andere Bedeutung bekommen. Es bildete nicht mehr das Zentrum meiner Aufmerksamkeit, sondern ich erkannte, dass ich mich damit häufig von den wirklich wichtigen und richtigen Dingen in meinem Leben abgelenkt hatte. Abende mit mir, an denen ich mir Gedanken über mein Leben machte, hatten nun mehr Priorität.

Nicht nur im Umgang mit anderen, sondern auch *in mir* stellte ich eine große Veränderung fest. Ich traute mich mittlerweile mehr, meine Meinung zu sagen, ohne dass ich sie vorher daraufhin filterte, dass sie meinen Kollegen in dieser Form gefallen würde. Es war mir bewusst, dass dieses neue, direkte Aussprechen – beispielsweise, wenn falschen Entscheidungen getroffen wurden oder wenn eine Strategie wieder nicht gelebt wurde – auch auf Gegenwind stieß und ich nicht mehr Everybody's Darling war. Es machte richtiggehend Spaß, über relevante Dinge zu sprechen und das Leben aus einer positiven Sicht, aber auch aus einer kritischen Perspektive zu betrachten. Es war neu, und ich fühlte mich freier in meiner Art – es war nicht alles nur taktisch, sondern einfach auch menschlich. Meine Vorgesetzten und auch Freunde waren darüber sehr irritiert, doch einige auch sehr interessiert an den neuen Ansätzen und Sichtweisen.

In meinem Chatfenster tat sich etwas. Pauline war ja auch noch da. Wieder hatte ich sie vor lauter Gedanken beinahe vergessen.

»Willst du einzigartig werden?«

»Bin ich das nicht schon?«

»Ja. Du bist auf einem guten Weg, dein Ich zu leben, und du hast erkannt, was dir Spaß macht. Du entscheidest selbst, was du möchtest, und hältst dich weniger an die Vorgaben von anderen.«

Ich schmunzelte und merkte, wie ich innerlich ruhig wurde. In mir breitete sich eine tiefe Zufriedenheit aus, die ich vor ein paar Wochen noch nicht gekannt hatte. Ich war nicht mehr das Schaf, das vor Kurzem noch zur Zufriedenheit aller anderen so gut funktioniert hatte. »Aber, wie habe ich das gemacht und wie kann ich diese Haltung bewusst verstärken? Ich habe das Gefühl, es passiert von selbst – und irgendwie auch nicht.«

»Ich erkläre es dir noch einmal: Unser ›uns‹ besteht aus drei Ebenen: dem Kopf – unserem Wissen, dem Körper – unserer Haltung, unseren Ressourcen, der Seele – unseren Gefühlen, unserem Unterbewussten und unserem Herzen. Wir haben gelernt, vor allem auf die Bedürfnisse des Kopfes zu achten, also auf unsere Gedanken, die sehr gerne Situationen, Menschen und das Leben rational analysieren und stark von ›außen‹ gesteuert sind. Unsere Gedanken sind eigentlich der größte Feind des Individualismus, weil sie Dinge sehr oft mit anderen Menschen in Vergleich setzen. Werbung manipuliert unsere Gedanken. Gesellschaft steuert unsere Gedanken: Was ist richtig, was ist falsch. Ob wir es wollen oder nicht, unser Umfeld prägt uns und manipuliert uns gedanklich und im Unterbewussten. Nicht nur Freunde oder Familie. Auch das, was wir als vermeintliche Wahrheiten lesen, und indem wir uns vergleichen: ›Alle meine Kollegen sind inzwischen in leitender Position, da sollte ich auch längst sein!‹ ›Wer es zwischen 35 und 40 nicht in diese Position geschafft hat, erreicht das nie mehr.‹ ›Ich müsste längst ein tolles Gehalt haben und ein Haus und zwei Kinder.‹ …

Unzufriedenheit und Vergleich können Ansporn sein und Ambitionen wecken – oft aber verstärken sie sich nur gegenseitig. Dann mischen sich die Gedanken mit dem Fühlen. Wir vergleichen uns bewusst oder unterbewusst mit anderen Personen und sehen das in dem anderen, was wir gerne sehen möchten, und wünschen uns Dinge, die wir eigentlich nicht wirklich möchten. Gedanken und Gefühle tanzen mit uns Rock 'n' Roll. Mit diesem Glauben daran, etwas Bestimmtes zu wollen, das ein anderer hat, belügen wir uns meist selbst: Es ist nicht das Leben der anderen, das wir leben, sondern unser eigenes. Und das verläuft ganz anders. Selbst wenn ein Freund im gleichen Alter schon längst 100.000 Euro mehr im Jahr verdient – es sind unsere eigenen Aktivitäten, die für unser Glück ausschlaggebend sind. Das Wünschen hast du ja schon gelernt. Das ist ein Weg. Du solltest Kopf und Herz in Harmonie bekommen, mit deinen Wünschen, um deinen Weg zu finden.

Mach dir eine Liste mit deinen Wünschen, Zielen, Träumen – kurzfristig oder langfristig: Schreib alles auf. Zum Beispiel, wenn du ein guter Mensch sein willst, Menschen helfen möchtest oder, konkreter, wenn du glücklich verheiratet sein möchtest, tolle Kinder haben willst oder davon träumst, in einem eigenen Haus zu leben, die Welt zu bereisen, ein eigenes Unternehmen zu gründen oder eine bestimmte Summe Geld verdienen willst. Danach gehst du deine Liste durch und streichst alles, von dem du glaubst, du musst es unbedingt erreichen (aber es gar nicht wirklich willst). Wir sind dabei nicht immer ehrlich zu uns. Probiere es aus. Und hinterfrage jede Streichung, ob du das, was du aufgeschrieben hast, von ganzem Herzen willst oder es nur eine Manipulation deines Unterbewusstseins und deiner Gedanken ist.

Was dann übrig bleibt, ist deins: deine Ziele, deine Träume, deine Wünsche. Und für diese zahlt es sich aus, Pläne zu machen. Dadurch stellst du sicher, dass du nicht etwas lebst, was du eigentlich gar nicht möchtest. Dann lebst du deinen Individualismus. Viele Menschen trauen sich beispielsweise nicht, zuzugeben, dass sie keine Kinder möchten, weil sie es nicht spüren. Das führt dazu, dass sie in Bewerbungsgesprächen sagen, wenn sie darauf angesprochen werden, dass sie keine Kinder bekommen können. Die Botschaft – ›Ich will keine Kinder‹ – wollen ›Schafe‹ nicht hören, da es nicht der Norm entspricht. Die unreflektierte Botschaft ›Ich muss das erreichen, was andere haben‹, kommt aus dem Druck der Gesellschaft, einer Norm entsprechen zu müssen, obwohl wir das gar nicht wollen. Mit der kleinen Übung kannst du rasch erkennen, was dein Kopf will oder deine Gefühle für wirklich richtig halten. Das Schlimme ist aber, dass unser Körper gelernt hat, unser Denken anzunehmen, und als Folge davon genauso funktioniert – zumindest eine gewisse Zeit. Der Körper ist der Diener jener Wünsche, die nicht unseren richtig wichtigen und gefühlten Wünschen entsprechen. Er powert sich für etwas aus, was er gar nicht will. Unser Körper funktioniert, bis er leer und krank wird, weil der Weg einfach ein falscher ist. Die Frage des Herzens, ob wir das alles benötigen und wollen, was in der Norm gefordert wird, geht unter. Wir hinterfragen nicht mehr, ob wir in der Beziehung, die wir seit 15 Jahren leben, noch glücklich sind. Wir halten Dinge aufrecht, obwohl sie uns nicht guttun. Studien zeigen, dass unglückliche Beziehungen gesundheitsgefährdend sind. Allzu oft wünschen sich Menschen Partnerschaft um jeden Preis, damit der Kopf ruhiggestellt ist. Ob der gefundene Partner einen auch glücklich macht, ist eine andere Frage. Rationalität bei der Partnersuche ist nicht gerade ideal für eine langfristige Beziehung, aber ideal, um seinen Wunsch ›Familie‹ schnell zu erfüllen. Wie weit folgen wir unserem Kopf, der sich den Wunsch nach der Normtauglichkeit erfüllen will? Wir hören nur mehr darauf, was die Gesellschaft von uns erwartet, und nicht mehr darauf, was wir selbst vom Leben wollen.«

Ja, das hatte ich am eigenen Leib erfahren. Die Beziehung zu meiner Freundin war am Ende auf reinen Nutzen ausgerichtet gewesen. Irgendwann war es nicht mehr das, was es eigentlich sein sollte: Liebe, Gefühle, Zuneigung und das Bedürfnis, miteinander das Leben zu gestalten. Bequemes Funktionieren statt tiefer Gefühle. Es war einfach, so zu tun, als wäre alles in Ordnung. Es machte einen zwar Stück für Stück unglücklicher, weil es unbefriedigend war – aber Weitermachen war weitaus weniger anstrengend, als die Konsequenzen zu ziehen. Das gilt ebenso für Jobs oder Freundschaften, die im Grunde nicht mehr passen. Wir bleiben lieber, statt etwas zu verändern. Denn Veränderung ist in der Regel nicht immer unmittelbar angenehm. Ich bereute nichts bezüglich meiner Beziehung, aber ich war froh, dass ich diesen Schritt gesetzt hatte. Es war eine bewusste Entscheidung, mein Herz und meinen Körper in mein Leben einzubinden und nicht alles dem Kopf zu unterwerfen.

Pauline setzte fort: »Wenn du dich bewusst gegen die Norm und gegen den Strom entscheidest, wirst du dennoch paradoxe Dilemmas erleben, denn der Kopf verschwindet dadurch ja nicht einfach: Er sagt weiterhin: ›Tu das nicht! Das dürfen wir nicht!‹ Und dein Inneres sagt gleichzeitig: ›Natürlich geht es. Du brauchst nur Mut.‹ Wenn du zum Beispiel einen Verwandten, den du nicht magst, nicht zur Hochzeit einlädst, erfordert das einen Schattensprung. Schlimmer ist es sicher, wenn es dein Bruder ist. Oder, wenn du dein

Kind nicht taufst, obwohl es in deiner Familie üblich ist, du aber schon längst die Kirche als Institution nicht akzeptierst. Und genau mit diesem Mut verlässt du den Bereich des Gewohnten und Bekannten und begibst dich auf neues Terrain. Das macht dir Angst und führt zu Irritationen. Aber diese Unsicherheit ist ein Zeichen, dass du auf neuen Wegen unterwegs bist. Du entkommst der Vorstellungen von anderen und lässt dich von deiner Leidenschaft und Zufriedenheit leiten. Und du beschreitest einen Weg, der weitaus mehr deinem Ich entspricht. Das wiederum führt oft zu Verwunderung bei manchen Menschen, die dir nahestehen. Manche werden sich von dir abwenden und andere werden sich dir plötzlich noch näher fühlen. So läuft das immer ab, wenn man seiner inneren Stimme mit Herz und Hirn folgt. Du gehst womöglich einen anderen Weg als die anderen – und mit Sicherheit einen anderen Weg als bisher.«

»Du hast recht. Auch ich bekam Einwände, besorgte Empfehlungen und gute Ratschläge bezüglich meiner Beziehung, meines Rückzugs und dem Hinterfragen meines Lebens zu hören. ›Bist du in einer Midlife-Crisis, weil du alles hinterfragst, oder was ist jetzt los mit dir?‹ Oder: ›Das Leben ist so. Wir heiraten, kriegen Kinder und erhalten unsere Familie, was gibt es da zu überlegen?‹ Meine Antwort war immer die gleiche: ›Will ich das überhaupt wirklich? Oder glaube ich, es zu wollen, weil es so ist?‹ Darauf hörte ich oft Sachen wie: ›Über so etwas mache ich mir keine Gedanken. Es ist so.‹ Ich fand diese Reaktion irritierend. Und, ehrlich gesagt, ließ sie mich an mir selbst zweifeln. Jetzt weiß ich auch, warum: Mein Kopf wurde bestätigt und wollte mich zurück in die Herde führen.«

»Auch dieses Dilemma kennt jeder Suchende. Einerseits verstört es, dass Menschen, die wichtig waren, sich plötzlich gegen einen wenden, andererseits will sich jeder selbst treu bleiben. Wie begegnet man dieser Situation am besten? Beruhige die Herde und räume ihren Meinungen Raum ein –

vielleicht ist ja sogar etwas Brauchbares dabei. Aber nutze gleichzeitig die Gunst der Stunde und erzähle von deinem neuen Weg. Schildere neutral, ohne große Euphorie und ohne Details, was dir vorschwebt. Warum? So kann sich die Herde um dich herum Stück für Stück an deiner neuen Sichtweise orientieren. Vielleicht findest du sogar Unterstützer. Wie gesagt: Es reichen fünf Prozent, um eine Gruppe zu bewegen – vielleicht in deine Richtung. Viel wichtiger ist aber, dass du deinen Wünschen nachgehst und dir dafür klare Ziele setzt. Dann bist du eindeutig auf deinem Weg.«

Irgendwie hatte das Schreiben etwas. Pauline hatte mir ja schon einmal empfohlen, alles niederzuschreiben. Aber diese Form des Chats brachte mir noch mehr Klarheit. Der Dialog hatte eine eigene Dynamik.

Der Chat hatte mir wieder etwas aufgezeigt: Andere Wege zu gehen, bedeutete, darauf zu achten, meine Wünsche zu erfüllen. Denn wenn der Wunsch groß genug ist, findet sich immer ein Weg – egal, was die Herde, die Masse oder die Gesellschaft dazu sagt oder dagegen tut. Genau diese Sicherheit und diese Standhaftigkeit bringen Leute dazu, Spitzenleistung zu bringen und Risiken einzugehen. Hinter allem, was trotz Gegenwind erreicht wird, steckt ein klarer Wunsch.

Was waren jetzt meine konkreten Wünsche? Jeden Tag etwas zu entdecken, das mich auf einen schönen Gedanken bringt. Neue Menschen kennenzulernen, die mein Leben bereichern und erweitern. Menschen zu helfen, wenn sie in Not sind. Eine Beziehung, die auf gemeinsamen Werten und Vorstellungen vom Leben basiert, in der ich lachen kann und wo ich wirklich etwas fühle. Kinder ja, aber ich würde auch ohne auskommen können. Meine Familie um mich zu haben, und mit ihr das Leben zu gestalten. Freunde zu haben, die das Leben kritisch hinterfragen, selbst gestalten und eine große Portion Humor haben. Einen Job, der mir zu 70 Prozent Spaß macht, der dem Unternehmen einen Nutzen bringt und der eine hohe Verantwortung hat. Für letzteren Punkt hatte ich schon eine »neue« Position im Auge. Eine Stabsstellenfunktion, die direkt unter meinem Vorstand sein könnte und die sich mit neuen strategischen Wegen in unserer Branche auseinandersetzt. Ich muss nicht führen, wenn aber die Position passt, wäre es in Ordnung. Wichtiger ist es mir im Moment, einen neuen Inhalt und einen neuen Bereich aufzubauen, wo ich meine Kontakte nutzen kann. Das Ganze kann sich in ein paar Jahren wieder ändern. Ich werde ja permanent dranbleiben und reflektieren, ob es so noch passt.

Ich bin anders – und stolz darauf

Der Umbruch, in dem ich mich gerade befand, hatte alles verändert. Wenn ich mich in einer größeren Menschenmenge bewegte, hatte ich das beunruhigende Gefühl, am falschen Ort zu sein oder nicht dazuzugehören. Ich fühlte mich als eine Art Alien, das es irgendwie schaffte, sich unerkannt in der Masse zu bewegen – obwohl es völlig anders tickte und sich gänzlich anderen Werten verpflichtet fühlte.

Ich hatte mich eigentlich in Gruppen immer wohlgefühlt. Das Gefühl, dazuzugehören, hatte mir früher Sicherheit und Geborgenheit vermittelt. Doch nun war alles wie auf den Kopf gestellt. Immer wieder passierte es mir, dass ich in bestimmten Situationen das Gefühl hatte, anders zu denken und anders zu sein als alle anderen. Ich erinnerte mich daran, dass ich mit meinen Kollegen in einem Restaurant saß und sie sich gerade über ihre nächsten Karriereschritte unterhielten. Sie legten ihre Karten nicht auf den Tisch, sondern wollten eher schauen, was der jeweils andere so vorhatte. Es war eine Art, die Konkurrenz abzuklopfen, und auch ein vorsichtiges Suchen nach Verbündeten. Ich saß dabei und spürte, dass ich mich längst ausgeklinkt hatte. Diese Form des Penisvergleichs war mir egal. Ein Kollege sprach mich direkt an und fragte, was ich denn im Unternehmen vorhätte. Ich erzählte, dass ich mir darüber gerade während dieses Gesprächs Gedanken machte und mich fragte, ob es hier wirklich um eine Position gehe oder auch um Inhalte. Die

Reaktion des Kollegen war ziemlich deutlich: »Der Inhalt ist mir ziemlich egal – Hauptsache, das Konto stimmt.« Vor wenigen Monaten hätte ich vermutlich Ähnliches geantwortet. Doch nun war es anders. Nicht, dass mir diese Erkenntnis unangenehm gewesen wäre, aber ich musste mich erst daran gewöhnen. Und klarerweise beschäftigte sie mich. Ich loggte mich in Paulines Chatroom für spezielle Gelegenheiten ein und berichtete ihr von meinem derzeitigen Empfinden.

»Gewöhn dich daran!« Ja, das war Pauline! »Andere Wege zu gehen, war auch für Ing. Wolfgang Hesoun ein Thema. Lange bevor er zum Generaldirektor der Siemens AG Österreich aufgestiegen ist, war er Chef des Baukonzerns Porr und empfand ähnlich wie du jetzt. Er beschäftigte sich vor seiner Position als Vorstand intensiv mit einem Bereich der Umwelttechnik, der zu diesem Zeitpunkt für niemand anderen in der Branche interessant war. Und, was wurde daraus? Ein lukrativer Markt für Porr! Sein Ding zu machen, ist zwar nicht immer einfach – aber es kann große Befriedigung verschaffen und zu großem Erfolg führen. Leidenschaft und Anderssein gehen Hand in Hand.«

Seltsamerweise fielen mir beim letzten Satz vor allem große Künstler ein, die sich oft zwischen Genie und Wahnsinn bewegten. Wahrscheinlich war es nicht notwendig, sich ein Ohr abzuschneiden, aber auffallend viele kreative Menschen waren nachweislich einem ungesunden Wahnsinn gefolgt. Man muss nicht zwingend wahnsinnig sein, um Erfolg zu haben, aber diese Kombination von extremer Andersartigkeit und Erfolg war auffallend oft anzutreffen, wenn wir in der Geschichte zurückblicken. Hermann Nitsch mit seiner umstrittenen Malerei, Coco Chanel mit ihrem eigenen Stil und der Unangepasstheit in der Gesellschaft, Margarete Steiff mit ihrer Idee, Stofftiere zu nähen, Henry Ford, der die Massenproduktion von Autos umsetzen wollte, oder was Thomas Edison im Bereich der Elektrizität erstmals versucht hatte. Es war vielleicht nur eine extreme Form des

Fokus: irgendwie flexibler, konzentrierter und einer Sache bis aufs Äußerste verschrieben – lange Arbeitszeiten, Perfektionssucht, Training bis zum Umfallen. Für manche war das »Wahnsinn« – aber, vielleicht war es einfach nur »anders«. Und ich verstand jetzt, was der Spaß für den »Wahnsinnigen« dabei war: Das zu erreichen, was man wirklich für sich selbst als richtig empfand. Egal, was andere dazu sagen.

Pauline schrieb weiter: »Mein Anderssein war als Kind eine kleine Last für mich. Ich sagte in der Schule als kleines Mädchen meine Meinung, die sich nicht immer mit der meiner Lehrer deckte. Oder ich wurde gegen die Jungs in meiner Klasse oder meine Brüder handgreiflich, wenn ich mein Recht durchsetzen wollte. Es war mir ein Anliegen, etwas auf die Beine zu stellen, das es so noch nicht gegeben hat – etwas, das bei anderen Studenten auch nicht immer auf Begeisterung stieß. Klarerweise wollte auch ich ›dazugehören‹ und Teil der wichtigen Cliquen sein. Das schaffte ich – aber nie so, wie ich es mir gewünscht hatte. Ich war für eine Gruppe eine willkommene Ergänzung, aber kein wirklicher Teil von ihr. Sie trafen sich oft ohne mich. Ich wurde nicht immer eingeladen und war kein Teil des harten Kerns. Nur in Einzelgesprächen suchten die Schulkollegen, Kommilitonen mit mir Kontakt. Sehr früh erkannte ich, dass Anderssein auch ein großer Vorteil sein kann. Ich dachte anders und kam auf andere Lösungen bei Problemen. Egal, ob es bei einer Schulaufführung an Geld fehlte oder wir für eine Mitschülerin aus ärmeren Verhältnissen etwas auf die Beine stellen mussten, damit sie mit uns auf Skikurs fahren konnte. Heute finde ich mich in Situationen wieder, in denen ich für Menschen in Not Lösungen finden will. Dann greife ich zum Hörer und kontaktiere Menschen, die aus ihrer Hilfsbereitschaft nach Möglichkeit auch einen persönlichen Nutzen ziehen. Diese Denkweise ist schnell und unkompliziert. Ich mache mir keine Gedanken, ob sich das gehört. Es geht meist um die Lösung und einen unkomplizierten

Weg. Manchmal äußerte ich meinen Zugang zu gewissen Themen laut, wenn es vonnöten war und ich gefragt wurde, aber meist behielt ich ihn für mich. Mir war schnell klar geworden: Anderssein wirkt auf andere unheimlich und trägt nicht wirklich dazu bei, auf der Beliebtheitsskala Rekorde zu brechen – außer man schafft es, das richtig einzusetzen. Dann, wenn wirklich etwas benötigt wurde oder wenn ich im Unternehmen bei einer Besprechung gemerkt habe, jetzt fehlt der Fokus und wir sollten schnell etwas daran ändern. Dann, wenn es auch von der Gesellschaft her angebracht ist, etwas zu sagen. Mir hat eine Aussage von Ernst Ferstl immer gut gefallen: ›Andersdenkende sind oft ganz anders, als wir denken.‹ Dem stimme ich voll und ganz zu. Und es lässt sich in der menschlichen Geschichte beobachten: Menschen, die mit Kräutern hantierten und andere, alternative Heilungsmethoden anwandten als die renommierten Mediziner, hatten als Hexen und Heiler einen ungleich schwereren Stand. Heute sind sie gut bezahlte Homöopathen, TCM-Ärzte und Heilpraktiker. Damals wurden sie verbrannt, heute brennen andere teures Geld für ihre Dienste.«

Pauline hatte wieder sehr offen über einen Teil ihres Lebens gesprochen. Das Schreiben löste anscheinend bei uns beiden eine Blockade, und wir ließen uns mehr aufeinander ein. Ich holte mir ein Glas Wein, genoss den Moment und merkte, wie in meinem Kopf Bilder abliefen. Es waren Bilder über eine Pauline, die ehrlich und direkt ist und damit nicht immer gut ankam. Wer aber selbst spürt und erlebt, was sie mit ihrer Art auslöst, empfindet eine tiefe Dankbarkeit für die Klarheit, die sie einem schenkt.

»Liebe Pauline, danke für deine Worte und für die vielen Gespräche in unterschiedlicher Form. Ich denke immer, mehr geht nicht, und dann unterhalten wir uns und es läuft auf einmal in eine Tiefe, die mir mehr und mehr hilft, mich zu finden. Die erste Frage, die ich mir zu dem Thema gestellt hatte, war: ›Muss ich jetzt zwanghaft anders sein?‹

Jetzt weiß ich: natürlich nicht. Ich sollte mir vielmehr treu bleiben und das auch leben. Ehrlich mit mir zu sein, selbstbewusst dazu zu stehen, wie ich mich gerade verändere, und *respektvoll mit meinen neuen Wünschen umzugehen.* Sich treu zu bleiben hat den Vorteil, dass man echt ist, und nach den Erfahrungen der letzten Wochen weiß ich, dass das auch unseren Charme und unsere Beziehungen beeinflusst.«

»Natürlich ist das Leben ein Spiel, in dem wir Rollen spielen – in denen wir nicht immer ehrlich agieren. Aber, sich permanent selbst zu belügen, funktioniert aus meiner Erfahrung einfach nicht. Es ist unmöglich, gesund zu leben und sich zu verleugnen. Ein gesunder Körper braucht einen gesunden Geist und ein gesundes Inneres. Sich treu zu bleiben ist dabei sehr wichtig, um die drei Ebenen in Balance zu bringen und zu halten.«

Ich wurde nachdenklich und bemerkte, dass mir dabei etwas sauer aufstieß. Ich wollte dieses unangenehme Gefühl des Verstellens eindeutig loswerden. *Ich beschloss: Von nun an bleibe ich mir treu.*

Pauline war heute in Schreiblaune: »Weißt du, was ich immer besonders interessant gefunden habe? Eigentlich kommen wir alle als Individualisten auf die Welt. Unsere Sozialisierung in der jeweiligen Kultur oder Gesellschaft nimmt uns das. Unsere Eltern stutzen uns schon einmal im ersten Schritt zurecht, indem sie versuchen, uns ihre Normen weiterzugeben – uns also ›überreden‹ wollen, so zu werden, wie sie sich das Leben für uns vorstellen. Da ist wenig Platz für das eigene Ich. Dann kommen wir in den Kindergarten und in die Schule. Dort warten neue Normen, die es zu erfüllen gilt. Noch weniger Platz für das Ich. Freundschaften, Jobs und Co. erledigen den Rest, um das eigene Ich vollständig verstummen zu lassen. Da ist es kein Wunder, dass sich nur wenige ihren Individualismus erhalten können. Und auch diese

Menschen schaffen das nicht zu 100%, aber sie bleiben sich mehr treu als andere.«

Diese »Filter« auf dem Weg zum Erwachsenwerden wurden mir erst jetzt zum ersten Mal so richtig bewusst.

»Darfst du so denken, wie du möchtest?«, fragte Pauline. »Ja, das darfst und solltest du. Selbst wenn du merkst, die Richtung unterscheidet sich gravierend von allen anderen. Bleib dir treu und zeige das auch! Ich denke, wir können so andere Menschen inspirieren und ermutigen, etwas in sich zu sehen, was ihnen vielleicht noch gar nicht bewusst ist. Ich erlebe das immer wieder, wenn ich mit Menschen rede, die Sehnsucht nach dem eigenen Weg haben. Nur wenige nehmen diesen Weg wirklich in Angriff.«

Ja, und ich konnte das ein wenig nachvollziehen: Manchmal wollte man einfach nur »dazugehören« und arrangierte sich mit der damit verbundenen Bequemlichkeit. Aber, wenn ich lieber Anführer statt Gefolgsmann sein wollte, war es unerlässlich, aus der Masse herauszustechen. Und es war sogar ein »Muss«, anders zu sein. Es war ein tolles Gefühl, zu wissen, dass ich auf dem Weg war, einzigartig zu werden, weil ich mich mit meinen Bedürfnissen auseinandersetzte, im Alltag einfach anders agierte und Dinge aussprach, die ich vorher aus Höflichkeit und Vorsicht oft nicht gesagt hatte. Um anders als die anderen zu sein, wollte ich meinen Weg gehen, nicht die Kopie von jemand anderem sein. Um dorthin zu gelangen, war die Zeit mit mir selbst ein wichtiger Faktor gewesen. Die Fragen, die ich mir in dieser Zeit gestellt hatte, waren nicht immer einfach: »Welche Dinge magst du?« – »Wer bist du?« – »Wer bist du, wenn du allein bist?« Wenn du dich selbst nicht anerkennst, wird es schwer, erfolgreich zu sein.

Pauline schien meine Gedanken zu lesen: »Darum ist, wie du ja weißt, mein permanenter Ratschlag: Verbringe Zeit mit dir allein! Es ist heutzutage normal, dass wir immerzu mit Reizen bombardiert werden – ob von einem Bildschirm aus oder von anderen Menschen um uns herum. Auch wenn ich mich wiederhole: Um wirklich zu ergründen, wer du bist und wie du tickst, musst du einige Zeit allein mit dir verbringen. Halte dich von allem fern und schau dir an, was dann noch von dir bleibt. Suche in deinem Inneren nach all dem, was dir wirklich wichtig ist!«

Nach all den Wochen erschien es mir geradezu absurd, dass ich in den ersten Tagen, nachdem mir Pauline das alles gesagt hatte, diesem Alleinsein mit großem Widerstand gegenüberstand und den Sinn und Zweck hinterfragt hatte. Obwohl ich ihren Anweisungen gefolgt war, hatte ich am Anfang meine Zweifel. Diese Zweifel waren nun weg und kein Thema mehr. Es funktionierte einfach.

Pauline war noch nicht fertig: »Uns wird durch Werbung, Gesellschaft, Arbeit und Umfeld rund um die Uhr suggeriert, was richtig ist: Was hat man anzuziehen, was wäre gesund, zu essen, was richtig oder falsch, zu sagen, wann gilt man als schön, wie sollen wir uns verhalten, was sollen wir lesen. Wenn wir uns isolieren und auf uns selbst hören, wirst du merken, was dir wirklich wichtig ist. Meist beginnt es damit, dass du urplötzlich komplett ohne Richtung bist. Du hast das ja selbst erlebt. Das ist zunächst ein sehr seltsames Gefühl. Dieses einfach Dasitzen und Nachdenken kommt dir dann wie ein Vakuum vor. Und das ist es auch: Wenn uns klar wird, was uns alles von außen aufgedrängt wurde und was davon für uns wirklich wichtig ist, bleibt zunächst wenig über.«

Ja, dieses Stadium kannte ich. Das Vakuum war ein guter Vergleich. Ich hatte ebenso das Gefühl, plötzlich nicht mehr atmen zu können. Mit einem Schlag war das, was bisher funktionierte, nicht mehr so wichtig. Ich wollte es nicht mehr. Rituale mit Freunden, Freundin und Job. Dieses Hinterfragen deines Lebens löst das Empfinden aus, dass plötzlich nichts mehr richtig ist, bis man sieht, dass es nicht ganz so ist. Aber im ersten Moment kommt es einem vor, als müsse man alles Vorhandene löschen, um das wirklich Wichtige zu finden.

Pauline war in Fahrt. Ihr Schreiben kam mir vor wie ein Zeitraffer meiner Erfahrungen. Vielleicht wollte sie mir so vor Augen führen, welche Stadien ich in den letzten Wochen durchlaufen hatte. Es funktionierte. Ich war beeindruckt, was ich für eine Entwicklung durchgemacht hatte. Ich achtete mehr auf meinen Körper, verbrachte viel Zeit mit mir und lenkte mich nicht mehr durch Videospiele, Fernsehsendungen und Events ab, die mir beruflich wie auch inhaltlich nichts brachten. Ich las viel und informierte mich im Internet über Dinge, die mich interessierten oder mich hinsichtlich meiner Jobwünsche weiterbrachten. Ich besuchte alte Freunde, mit denen ich mich wohlfühlte, und war, was meine Kleidung und meine körperliche Entspanntheit betraf, sehr locker drauf. Ich war bedeutend ruhiger in Gesprächen und redete oft eine Zeit lang gar nichts, wenn ich das Gefühl hatte, es gab für mich jetzt nichts zu sagen. Ich stellte aber auch kritische Fragen. Einerseits war ich kritischer, andererseits aber auch unkomplizierter geworden. Der Druck war weg, dies und jenes zu machen, um weiterzukommen und mich ja nicht zu langweilen. Ich konzentrierte mich auf meine Wünsche und die Ziele, die ich daraus abgeleitet hatte.

»Beobachten hilft, dein Ich zu finden. Wenn wir bei uns bleiben, funktioniert das sehr gut. Wie verhalten sich die Menschen? Wie behandeln sie sich gegenseitig? Wie gehen sie mit Freunden, Fremden oder Partnern um? Welche Erwartungen haben sie? Wie ziehen sie sich an? Auch ich bin diesen Weg gegangen und habe mir diese Fragen gestellt. Ich lernte, mit dem Anderssein umzugehen und es mir zunutze zu machen. Ich fing an, strategisch zu überlegen, wie ich meine Gedanken, Lösungswege und Vorstellungen richtig einsetzen kann. Das half mir speziell im beruflichen Kontext immens. Plötzlich wurde mein Anderssein zu einer Ressource: Ich war gut darin, schnelle unkomplizierte Lösungen zu finden, Zusammenhänge rasch zu erkennen und daraus neue Wege zu gestalten. Das, was ich in jungen Jahren nie an mir gesehen hatte, empfand ich zunehmend als Geschenk. Ich konnte Dinge vorantreiben, die ich mir zuvor nie vorstellen hatte können, und ich wurde mutig in meinem Handeln. Nachdem ich 100%ig ehrlich zu mir war, zog ich auch Menschen an, die sich ihrerseits irgendwie ›anders‹ fühlten, und wir tauschten uns darüber aus. Die meisten von ihnen waren in ihrer Sache und ihrem Handeln sehr erfolgreich. Mein Lernerfolg dabei: Anderssein macht erfolgreich. Also beschloss ich, die Gunst zu nutzen und etwas aus meinen Qualitäten zu machen.«

»Qualitäten« war das richtige Wort. Bis ich das alles an mir erkennen konnte, war das Anderssein eher eine Bürde gewesen, die ich verständnislos mit mir herumschleppte. Aber dann wurde der Mühlstein plötzlich zu Gold. Ich hätte einen derartigen Paradigmenwechsel bei mir nicht für möglich gehalten. Aber er passierte. Ich stand zu meiner Meinung und stieß hin und wieder auch an meine Grenzen. Mein Anderssein zeigte sich in der Form, kritisch Strukturen zu hinterfragen, mich für Lösungsstrategien mit Menschen zu treffen, die gar nichts mit meinem Bereich zu tun hatten, und dadurch, dass ich meine Gefühle und Gedanken aussprach. Besonders in Letzterem unterschied ich mich sehr von anderen in der Führungsebene. Meine Kollegen dachten rationell und nach Zahlen. Das tat ich auch, aber ich war außerdem der Überzeugung, dass Emotionen bei Entscheidungen wichtig sind und berücksichtigt werden müssen. Weibliche Kolleginnen hatten damit kein Problem.

»Und, trotzdem: Es war und ist kein einfacher Weg, weil man mit seiner Art natürlich aneckt. Menschen wollen dich so haben, wie ihre Vorstellungen von dir aussehen oder wie du gut in die Gruppe oder in das Unternehmen passt. Und sie wollen dich ändern, wenn du anders bist. Das ist leider ein ungeschriebenes Gesetz. Denn dein Anderssein macht vielen

Menschen Angst. Bei mir hatten viele Menschen – Freundinnen, Arbeitgeber, Familie und Bekannte – versucht, mich dorthin zu bringen, wo ich aus ihrer Sicht sein sollte: Ehefrau, Kind und zu Hause. Die Mittel zum Zweck waren vielseitig – bis hin zur emotionalen Manipulation: ›Du bist eine Rabenmutter, wenn du rasch wieder einsteigst.‹ – ›Also, ich würde das für mein Kind ja nicht wollen, dass es fremdbetreut ist.‹ – ›Wir als Eltern haben da schon eine Verantwortung und können am besten einschätzen, was das Kind braucht. Eine Fremde könnte das nicht. Sind Sie sicher, dass Ihnen das guttut, wenn Sie gleich wieder in Ihren Job zurückkommen?‹ – ›Kriegen Sie das alles unter einen Hut? Was sagt Ihr Mann dazu?‹ – ›Sie wollen wirklich Führung übernehmen? Ich denke, Sie sind noch nicht so weit. Ihr Kollege hat da einfach mehr Chancen. Ich rate Ihnen ab, sich zu bewerben.‹ – ›Kind, bleib auf dem Boden und erwarte nicht so viel vom Leben. Man kann nicht alles erreichen.‹ … Merkst du, was alles in diesen Aussagen versteckt ist? Und wenn man noch nicht vollständig zu sich selbst steht, haben diese Manipulationen leider Erfolg.«

Und wieder ins Schwarze getroffen. Auch ich musste lernen, zu mir zu stehen. Dadurch erlebte ich einerseits ein Gefühl der Freiheit und andererseits das Bedürfnis, mich von Menschen zu distanzieren, die mich verändern wollten. Durch meinen neuen Alltag, der um sieben Uhr mit Sport begann, ich mich danach eine halbe Stunde hinsetzte und mich meinen Werten widmete, indem ich darüber schrieb, war der Start in den Tag schon anders. Wir reden ja oft über Wertvorstellungen und vergessen dabei, was das selbst für einen heißt. Ich habe mir vorgenommen, mir meine Werte ganz im Detail anzusehen. Also schreibe ich sie nieder und denke darüber nach. Das dauert oft ein paar Tage, und dann nehme ich den nächsten Wert her. Oder ich überlege mir in den 30 Minuten etwas für meine Ziele oder Wünsche. Danach erst geht es ab zum Job. Oft besuche ich nach der Firma noch eine kulturelle Veranstaltung oder treffe Leute, die ich neu kennengelernt habe, und unterhalte mich über meine Erkenntnisse. Mein alter neuer Freund gehört auch dazu. Er ist sehr angetan von meinem neuen Zugang. Am Wochenende besuche ich Familie oder Freunde, mache Wanderungen oder konzentriere mich auf meine Ziele und Wünsche und mache Pläne. Früher war ich knapp vor Arbeitsbeginn aufgestanden, hatte rasch ein paar Schlagzeilen gelesen und war in die Firma gegangen. Das After-Work-Bier war üblich, ebenso der Abend auf der Couch, wo ich neben dem Fernsehen gerne mein Handy zum Spielen benutzte. Ich widmete keine Minute meinen Interessen. Es war einfach ein In-den-Tag-Leben. Meine Interessen auszuleben, hatte ich verloren. Zeit mit wirklich wichtigen Dinge verbrachte ich kaum noch. Das hat sich geändert. Das Glänzen in meinen Augen ist zurückgekommen. Ich bin glücklicher. Ich bin mehr bei mir.

Die Chats mit Pauline taten richtig gut. Es machte richtig Spaß, mich auf diese Art und Weise zu unterhalten, Gedankenpausen zu haben und sich mit dem Schreiben Zeit zu lassen. Es tat mir gut, einfach nur dazusitzen und meine Gedanken laufen zu lassen, während Pauline ihre Inputs tippte.

»Hallo, bist du noch da?«, meldete sie sich wie aufs Stichwort.

»Ja, ich trinke gerade auf unser Gespräch, und es macht richtig Spaß, was dabei in mir passiert. Danke!«

»Es macht mir auch sehr viel Spaß, mich mit dir auszutauschen und mir Gedanken zu deinen Gedanken zu machen. Auch ich lerne selbst immer wieder dazu. So ging es mir auch bei meinen Interviews. Mich hat zum Beispiel die Lebensgeschichte von Ex-DiTech-Chef Damian Izdebski sehr bewegt. Er musste nach seinem ›Scheitern‹ seinen neuen Zugang besonders pflegen, da er durch das Aus von DiTech kurzfristig in eine Sackgasse geraten war. Was andere da von dir denken, muss dir in so einer Situation unwichtig werden, und du musst nach vorne schauen. Auch er stellte sich die wichtigen Fragen: ›Wer bin ich?‹ – ›Was hat zum Scheitern geführt?‹ – ›Was will ich sein?‹ – ›Wo stehe ich?‹ Er hat sich für eine Reise nach Amerika entschieden, um den Kopf freizubekommen und neue Sichtweisen zu finden. Es hat funktioniert. In anderen Ländern gehen die Menschen auch anders mit einer Situation um. Mit dem Entschluss, sich mit gestärktem Selbstbewusstsein der Situation in Österreich erneut zu stellen, hat er enorm viel Mut und Leidenschaft bewiesen. Und er hatte sogar noch mehr Chuzpe: Er veröffentlichte ein Buch über sein Scheitern und machte daraus ein zweites Business.«

Ich mochte diese Geschichten von Pauline. Sie brachten das Leben so auf den Punkt, und das gab mir Mut und Kraft, um selbst weiterzumachen.

Pauline kam zum Ende: »Das ist die Essenz unseres heutigen Gesprächs – *Pflege nicht das Anderssein, sonders das Du-Sein!* Das hat übrigens einst eine wichtige Lebensbegleiterin zu mir gesagt. Und, nach meinen Erfahrungen seitdem, möchte ich ergänzen: *Rede nicht darüber, sondern handle danach!* Reden bringt zwar die Leute zusammen, aber dich persönlich bringt es nicht immer weiter.«

Ja, das verstand ich. Ich beschloss, nur mehr das zu sagen, was strategisch sinnvoll für mich war, und meine Vorhaben und anderen Gedanken für mich zu behalten – außer wenn ich damit etwas verändern oder Hilfe bekommen konnte.

Pauline schickte mir noch ein Smiley und wünschte mir eine gute Nacht. Ich bedankte mich bei ihr und wollte den Laptop schon zuklappen – da kam doch noch eine Nachricht von ihr:

»Versuche, dir deine Zukunft in Bildern auszumalen. Das bringt dich aus deiner Komfortzone und deinen Wünschen näher. Unsere Wünsche liegen in diesen ›sicheren‹ Bereichen. Schaffen wir Bilder im Kopf, stellen wir uns gedanklich einer neuen Situation, und unser Wunsch rückt dadurch ein Stück mehr in greifbare Nähe.«

Ich notierte mir diesen Gedanken für den morgigen Tag. Es war Regen angesagt – perfekte Bedingungen, um nachzudenken.

Mein Zukunftsfilm – ein Blockbuster

Ich erwachte am nächsten Tag voller Tatendrang. Für eine Wanderung war das Wetter – wie angekündigt – zu nasskalt. Aber das machte mir nichts aus. Ich hatte unbändige Lust, einfach zu Hause zu sein, legte mir angenehme Musik auf und machte es mir mit einer großen Tasse Kaffee im Wohnzimmer gemütlich. Der gestrige Chat mit Pauline hatte bei mir einiges ausgelöst.

Stimmt es, dass unsere Gedanken uns führen? Natürlich – diese Binsenweisheit finden wir in so gut wie jedem Buch über Erfolg und Zielerreichung. Unsere Gedanken sind ein mächtiges Instrument, das im Endeffekt alles bestimmt, was im weitesten Sinn mit Glück, Lebensqualität und Zukunft zu tun hat. Egal, wie wir es nennen – »Positives Denken« oder »Mentalcoaching« –, die Kraft der Gedanken sind Gegenstand unzähliger Forschungen und Ratgeber. Und dennoch hatte ich es vor der Begegnung mit Pauline eher als Thema für Spitzensportler oder im Kampf gegen Depressionen betrachtet. Die naheliegende Verbindung zwischen meinen Gedanken, meinem Selbstbild, meinen Handlungen und meiner Zukunft hatte ich nicht gesehen. Und nun war es unübersehbar und nicht mehr zu ignorieren: Meine Gedanken formten meine Zukunft. Das war kein esoterisches »Phrasengeklimper«, sondern Tatsache. Im Sport ist Mentaltraining mittlerweile ein ständiger Begleiter geworden. Wenn Skiläufer vor dem Rennen abseits des Startbereichs im

Kopf mit geschlossenen Augen die Streckenführung durchspielen, ist das nichts Neues mehr. Dank Pauline wusste ich nun ebenfalls, wie wichtig das ist. Die Sportler stellen sich mental auf die Zukunft ein – auch wenn die Zukunft nur einige Minuten entfernt ist. Es ist ihr Weg zum Ziel.

Ich erinnerte mich an die Begegnung mit einem Rennfahrer, der mir von einer ähnlichen Vorbereitung erzählte. Er spielte eine Rennrunde immer wieder im Kopf durch, um einen Automatismus zu initiieren. Beim Rennen selbst hatte er dadurch das Gefühl, die Strecke schon viele Male gemeistert zu haben. Er wusste genau, was in welchem Abschnitt zu tun war und mit welchem Gang er in welche Kurve gehen musste. Sollte ich das jetzt auch machen? Oder hatte Pauline etwas anderes damit gemeint? Mein Leben war ja keine Abfahrtsstrecke und kein Formel-1-Kurs. Und mein Ziel war nicht mit schwarz-weiß karierten Flaggen abgesteckt.

Aber auch ohne Ziellinie waren mir meine Wünsche und Ziele in den letzten Tagen klar geworden. Ich schaute auf die Uhr und überlegte, ob es angemessen war, Pauline um diese Zeit anzurufen. Aber nachdem ich das Handy eingeschaltet hatte, ertönte schon ein Klingeln und ich wusste, dass sie mir ein E-Mail geschickt hatte:

»Guten Morgen, ich wollte dir noch einen Tipp zur Visualisierung deiner Wünsche geben: Mach dir deinen Wunsch bewusst und dann begib dich gedanklich in die Zukunft. In dem Kopfbild bist du schon am Ziel und erzählst dir selbst, was du in dieser Zukunft siehst: Wie fühlt es sich an? Was siehst du? Wo bist du? Schreibe jedes kleinste Detail auf. Wenn das Bild stimmig beschrieben ist, blickst du zurück und beschreibst es mithilfe deiner Einflüsse. Du erinnerst dich: Jedes Ziel hat negative und positive Einflüsse. Wenn sich ein Winzer zum Ziel gesetzt hat, mit einer neuen Rebsorte Wein zu produzieren, gibt es unterschiedliche Einflüsse: Wetter, Boden, Hanglage, den Weinstock selbst, das Schneiden, das Ernten, die Sonne und, und, und … Manche

Einflüsse können wir verändern und manche nicht. Jene, die ich beeinflussen kann, bearbeite ich und überlege mir Lösungen. Die anderen akzeptiere ich und stelle mich darauf ein. Wenn ich ein Buch schreiben möchte, habe ich auch mit einer Reihe von Einflüssen zu tun: Verlag, Inhalt, Titel, Zeit, Wissen, Markt, neue Medien. Die positiven Einflüsse hebeln die negativen oft aus oder bieten mir mögliche Lösungen, um negative zu beeinflussen.

Im Klartext: *Du orientierst dich an deiner detaillierten Analyse und packst alles in die Geschichte. Somit kannst du auch den Weg beschreiben.* Denke dabei immer positiv und lösungsorientiert! Sei lieb zu dir selbst! Ich bin bis nächstes Wochenende nicht erreichbar. Du schaffst das!«

Okay, ich war bereit, die Herausforderung anzunehmen. Ich rief mir Paulines Empfehlungen ins Gedächtnis und wollte Schritt für Schritt vorgehen:

- Meine neue Position im Unternehmen im Detail in den Fokus rücken.
- Ein Ziel dafür formulieren.
- Die Einflussfaktoren für das Ziel formulieren.
- Meine Geschichte aus der Zukunft niederschreiben.

Das Ziel war schnell formuliert und die 20 Einflussfaktoren rasch gefunden. *»Es ist Oktober 2016, mein Job ist Leiter der neuen Stabsstelle New-Business-Strategie mit einem Jahresgehalt von rund 80.000 Euro, damit ich meine Erfahrung einbringe und neue Herausforderungen habe.«*

Was war wichtig bei einem Ziel:

- Spezifisch (Position), messbar (Gehalt), Termin (ja), realistisch (ja, aus meiner Analyse und Vorbesprechung heraus), aktiv beeinflussbar (ja) und Nutzen für mich (ja, die neuen Wege für die Organisation zu finden, ist eine große Herausforderung für mich und lässt alles in mir vibrieren. Spaßfaktor ist groß.). Mein Ziel war ein Satz und in der Gegenwart formuliert, als wäre ich schon dort.

Was waren die Einflüsse auf das Ziel?

- Mein Chef (- Konkurrenz und er hatten mir abgeraten),
- der Vorstand (+ weil meine Andeutung großes Interesse geweckt hatte),
- Eigentümer (+ er mag mich und er ist innovativ),
- Kollegen (-/+ einige neidisch, andere positiv gestimmt),
- Gehalt (- neue Position, noch keine Bewertung möglich),
- Erfahrung in der Branche (+),
- Erfahrung New Business (-),
- Kontakte (+),
- Expertenpool (+),
- Markt (+ Weiterentwicklung ist für die Organisation wichtig),
- Politik (- ich bin politisch nicht aktiv, aber das Unternehmen ist politisch geleitet).

Bevor ich daranging, die Geschichte niederzuschreiben, gönnte ich mir eine Pause mit Kaffee und ein paar Minuten guter Musik. Ich schloss die Augen und machte mir Gedanken zu meinem Wunsch. Es machte richtig Spaß, mir alles im Detail vorzustellen. Ich grinste dabei in mich hinein. Danach schrieb ich alles nieder und vergaß dabei nicht auf jene Details, die mir besonders gefallen hatten. Ich schrieb die Geschichte so, als wäre ich schon in der Position und erzählte meinen Weg der letzten Monate einem Freund – so, als hätte ich es schon erlebt und mein Ziel schon erreicht:

»Ich sitze in meinem Büro und stehe kurz vor der ersten Sitzung mit dem Vorstand, in der wir über meinen Plan für die Abteilung sprechen. Mein Büro ist nur ein Stockwerk unter meinem jetzigen Chef, also dort, wo alle strategischen Abteilungen untergebracht sind. Ich habe eine Assistentin, die mir für die eine oder andere Analyse zur

Verfügung steht, und ich habe von meinem Bürofenster aus einen schönen Ausblick in eine ruhige Straße. Mein damaliger Chef war über meine Entscheidung, zu gehen, nicht erfreut. Es war auch nicht einfach, ihn nicht in mein Vorhaben einzubinden. Da er aber ein Verhinderer meines Zieles war, war dies richtig für mein Vorhaben. Die Gelegenheit zu einem Gespräch mit dem Vorstandsvorsitzenden ergab sich bei einem Event. Dort sprach ich meinen Wunsch konkret an und erklärte, welchen Nutzen das dem Unternehmen bringen würde. Das Gespräch war wohldurchdacht. Ich hatte mich tagelang darauf vorbereitet und war mit relevanten Zahlen und Fakten ausgerüstet, die ich während meiner Ausführungen geschickt einstreute. Der Vorstandsvorsitzende war interessiert, und seine Assistentin meldete sich wegen eines Termins. Es folgten drei Termine, wir definierten gemeinsam meinen neuen Bereich, und es gab viele Gespräche mit anderen Entscheidungsträgern.«

Ich schrieb jedes Detail auf, das mir in den Sinn kam, und meine To-do-Liste ergab sich daraus quasi von selbst. Wann war das nächste Event? Was musste ich vorbereiten? Wo kriegte ich die Zahlen her? Wie würde sich der Vorstand verhalten, wenn ich ihn einfach anspreche?

Plötzlich sah ich unterschiedliche Wege, die mich mit relativer Leichtigkeit an den Hindernissen vorbeibringen würden. Manche Aspekte, die mich früher schlaflose Nächte gekostet hatten, waren nun plötzlich kein Problem mehr, sondern der Grund für einen neuen Weg. Ich hatte alles, was ich dazu brauchte.

Ich schrieb alles möglichst detailreich nieder (bis wann ich was und wie machen musste und mit wem ich sprechen musste) und spürte in mir den Wunsch, eine To-do-Liste zu verfassen, mit der ich am Montag meinen neuen Weg in Angriff nehmen konnte. All das war von einem leichten und angenehmen Gefühl begleitet. Der neue Jobwunsch war mittlerweile so stark in mir verankert, dass mir die Erfüllung wie zum Greifen nahe schien. Sämtliche Hindernisse wie mein jetziger Boss oder auch meine Kolleginnen und Kollegen erschienen mir überwindbar und machten mir keine Angst mehr. Im Gegenteil: Ich hatte eine Vorstellung davon, was mich erwartete, weil ich ja die Geschichte aus der Zukunft hatte. Somit konnte ich mich auf alle Eventualitäten im Geist vorbereiten. Natürlich war die Geschichte nicht real. Es war ein Szenario. Aber genau das gab mir mehr Selbstbewusstsein und die Überzeugung, dass ich es schaffen würde. Ich fühlte die Sicherheit, mich am Montag jedem einzelnen Vorhaben stellen zu können. Ich war aufgeregt und glaubte zu spüren, wie mein Körper brummte und vibrierte.

Unglaublich, wie schnell es gehen konnte. Ich hatte mir ein wenig Zeit für mich gegönnt und mich mit meinen Wünschen auseinandergesetzt. Wie leicht es war, bei mir selbst zu bleiben und auf mich zu hören. Und, wie einfach es war, meine Ängste zu verlieren, wenn ich mich mit dem »Neuen« beschäftigte. Mir fiel ein Kollege ein und irgendwie hatte ich gerade ein Déjà-vu. Er war Sachbearbeiter und hatte mir Ähnliches erzählt, was gerade in mir vorging. Er war schon 15 Jahre im Unternehmen und begeistert von seinem Job. Er hatte wirklich Spaß daran. Auch er hatte in den vielen Jahren seiner Tätigkeit erkannt, wo in seiner Abteilung der Hund begraben lag. Doch im Unterschied zu mir hatte er nichts verändert, weil er seinem Boss nicht auf den Schlips treten wollte. Irgendwann ging er trotzdem zu seinem Vorgesetzten und erzählte ihm, wie man die Abteilung besser strukturieren könnte, um Fehler und Zeit zu sparen – ohne den Anspruch zu erheben, deswegen gleich die Abteilung leiten zu wollen. Sein Motiv war simpel: Er wollte im Arbeitsalltag einfach weniger Ärger. Ich fragte ihn, warum er das schließlich doch gewagt hatte. Er meinte, dass er etwas über Ziele und Einflüsse gehört hatte und dadurch den Mut aufbringen konnte, etwas Kleines, aber Wichtiges für sich selbst zu verändern. Sein Chef war ihm dankbar, und sie arbeiteten gemeinsam an den Problemen. Der Kollege ist immer noch in der gleichen Position, hat damit seinen Spaß und konnte durch ein wenig Nachdenken einiges verändern.

Nachdem ich dermaßen im Flow war, wollte ich den Schwung gleich ausnützen und durchlief den ganzen Prozess noch mit zwei kleineren Wünschen privater Natur, die mir bislang auch immer unerreichbar schienen: Ich wollte unbedingt in absehbarer Zeit einen Marathon laufen und damit beginnen, Golf zu spielen.

Gute Aussichten

Zwei Tage später war ich zur Abwechslung einmal nicht allein in der Natur unterwegs: Ich gönnte mir mit einem Freund eine Biketour im Wald. Nach einer Stunde gepflegten Schwitzens packten wir, oben angekommen, unseren mitgebrachten Proviant aus und blickten auf die Stadt unter uns, die noch zum Teil in morgendlichen Nebel gehüllt war. Es war ein perfekter Moment. Mein Begleiter war einer jener wenigen Freunde, die mir in den letzten Monaten durch Gespräche über meine Werte und regelmäßige Treffen näher gerückt waren. Mit ihm konnte ich auch über mein derzeitiges Hauptthema – Wünsche und den Weg, diese zu erreichen – reden. Und dieser Moment passte hervorragend zu meinem Anliegen.

»Es schaut immer so einfach aus, wenn wir etwas erreicht haben. Andere sehen nur den Erfolg, das Ergebnis, hier sitzen zu können oder eine Position zu erreichen, aber keiner redet darüber, wie hart der Weg war, um überhaupt zu dieser Aussicht und diesem tollen Gefühl zu gelangen«, begann ich das Gespräch. »Was vermitteln wir eigentlich damit, wenn wir nur über die Früchte des Erfolgs reden und über das Säen und Wachsen den Mantel des Schweigens breiten?«

»Gute Frage. Kein Mensch sieht die harte Arbeit. Oft ist es sogar so, dass diese Menschen dafür beurteilt oder kritisiert werden, dass sie es ›nach oben‹ geschafft haben. Der mühsame Weg dorthin wird einfach ausgeblendet. Und dabei gibt es in der Regel kaum jemanden, dem irgendetwas in den Schoß fällt. Es gibt vielleicht Menschen mit einer besseren Ausgangssituation – aber selbst damit kommen sie nicht weit, wenn sie nicht selbst Kraft und Leidenschaft einbringen. Und doch wird das einfach ausgelassen. Darüber nicht zu reden, ist eigentlich fatal für die Ansichten über Realität und den Kern von Erfolg.«

»Wie schon meine Großmutter gesagt hat – von nichts kommt nichts. Und dem kann ich nur zustimmen. Natürlich haben wir nicht für alles hart gearbeitet, was wir erreicht haben. Aber es ist für jeden ein kontinuierlicher Prozess von Energie und Aufwand. Nichts kommt von heute auf morgen. Die kontinuierliche Bemühung sollte bei den Gesprächen über Erfolgreiche mehr Aufmerksamkeit und Anerkennung bekommen.«

Mein Freund nickte, nahm einen Schluck aus seiner Wasserflasche und ergänzte meine Gedanken: »Und es sollte nicht mit Verbissenheit verwechselt werden. Leidenschaft ist etwas ganz anderes. Bei mir ist es definitiv nicht so, dass ich einen Arbeitstag habe, der von 9 bis 17 Uhr dauert. Zumindest in Gedanken arbeite ich 16 Stunden täglich in meiner Position als Eigentümer meines Unternehmens. Bin ich deswegen ein Workaholic? Nein. Ich liebe meine Arbeit und will sie richtig und gut machen. Das treibt mich an. Diese Gedanken kann ich nicht von jetzt auf gleich abstellen, wenn ich Zeit mit meiner Familie verbringe. Der Kopf arbeitet weiter. Ist das gesund? Laut Wissenschaft sicher nicht. Mir hat es bis jetzt nicht geschadet, da ich bewusst auf mich und meinen Körper achte.«

Ich sah ihn lächelnd an. Neben mir saß jemand, der so wie Pauline Spaß an seiner Arbeit hatte. Die Art, wie er darüber sprach, ließ dieses Glühen und Brennen entstehen, von dem wir gesprochen hatten. Ich bewunderte ihn und musste mir eingestehen, dass ich sogar ein wenig neidisch war. Wie schön wäre es, wenn ich jobmäßig ebenfalls schon dort angelangt wäre. »Du agierst so wie ein Spitzensportler«, sagte ich. »Der denkt abseits von Training und Wettkampf auch an seinen Sport. Wenn er nicht auf seinen Körper, seine Ernährung und seinen Schlaf achtet, wird er nicht den gewünschten Erfolg erzielen. So ticken Menschen einfach, die Leistung bringen wollen oder müssen.«

»Ja, aber wer das so sieht, ist schon sehr weit. Spitzensportler haben ihre Coaches und Trainer, die ihnen das täglich vor Augen führen. Ich musste mir diese Einstellung über Jahre hinweg selbst beibringen. Und oft lernt man erst auf die harte Tour. Ich habe festgestellt: Höchstleistung ist nur dann drin, wenn du deinen Körper pflegst und hegst. Natürlich fahre ich nicht jeden Tag 16 Stunden Vollgas. Es gibt Tage, die intensiver sind, und Tage, an denen ich es locker angehe. Es gibt aber keinen Tag, an dem ich nicht an meinen Spaß im Job denke – und an neue Möglichkeiten, diesen Spaß zu erweitern.«

»Wie tust du das?«

»Ich denke an das, was ich tagtäglich gerne mache. Also, für mich ist nur harte Arbeit möglich, wenn mir die Arbeit Spaß macht.«

»Hast du jemals an dem gezweifelt, was du machst?«

Mein Freund lächelte: »Ja, das habe ich. In jungen Jahren war ich der Überzeugung, meinen ultimativen Traumjob gefunden zu haben. Aber zehn Jahre später musste ich feststellen, dass ich mich geirrt hatte. Ich quälte mich jeden Tag ins Büro und gestand mir schließlich ein, dass die Zeit des Spaßes vorbei war. Und ich machte mich auf, um diesen Spaß wiederzufinden. So bin ich zuerst im Marketing gelandet und bin auf Umwegen zu meinem Lokal gekommen. Essen und Trinken machen mir einfach unglaublichen Spaß, und ich wollte immer schon ein Lokal besitzen.«

»Warum?«

»Ich wollte das besser machen, was mich bei anderen Lokalen irritiert hat. Und das gelingt mir ganz gut. Wie du weißt, erweitern wir laufend und haben unterschiedliche Projekte. Ich bin der Überzeugung, dass mir Erfolg nur beschieden ist, wenn ich dranbleibe, wach und aktiv lebe. Ist der Spaß an einem Projekt nicht mehr gegeben oder der Inhalt wird langweilig, gebe ich das Projekt weiter oder wir stellen es ein. Ich habe dazu ein Motto, das mir tagtäglich hilft, den Spaß – und damit mein Glück – im Fokus zu behalten: Da es für die Gesundheit förderlich ist, habe ich beschlossen, glücklich zu sein.«

Ich sah das Blitzen in seinen Augen und wir mussten beide lachen.

Mein Freund redete weiter: »Weißt du, das Schöne ist ja, dass jeder Mensch das erreichen kann, was wir seit Wochen besprechen. Es geht ja nicht immer nur um Geld oder darum, einen noch besseren Job zu bekommen. Es geht darum, mit sich und der Situation glücklich zu sein. Und da reichen kleine Änderungen und Anpassungen.«

Ich musste wieder grinsen und erzählte ihm vom meinem Sachbearbeiter-Kollegen, der seinem Boss die Änderungsvorschläge unterbreitet hatte.

»Siehst du, das ist genau das, was ich meine. Nicht immer nur das Große ist ein Erfolg, sondern die Dinge so zu verändern, dass ich mich wohler fühle. Das ist für mich Erfolg auf allen Ebenen«, meinte mein Freund.

So einfach kann das Leben manchmal sein. Wann hatte ich eigentlich das letzte Mal Spaß in meinem Job und so ein Glänzen in meinen Augen? Ein Wechsel oder ein Ausstieg sind aus meiner Sicht riskant. Aber, war es nicht wichtiger, den Spaß am Tun wiederzufinden? Dass mir das in meinem derzeitigen Arbeitsleben nicht mehr gelingen könnte, war für mich plötzlich das erschreckendste Risiko von allen.

Mein Freund sprach weiter: »Übrigens, alle Jobs, die ich trotz fehlendem Spaß erledigt habe, waren nicht erfüllend. Darum habe ich in meinem Unternehmen auch ein Motto zu diesem Aspekt verankert: ›Ist der Kunde mühsam, fehlt der Spaß. Fehlt der Spaß, fehlt das Geld.‹ Ich rede nicht von herausfordernden Projekten oder komplexen Themen:

Mühsam bedeutet schon, dass der Flow in der Kommunikation fehlt, Vereinbarungen nicht eingehalten werden, Dinge immer wieder hinterfragt werden oder das Vertrauen fehlt … Was dazu führt, dass wir gewisse Kunden ablehnen. Gerade am Anfang bei einem Gespräch merkt man, ob eine langfristige Zusammenarbeit möglich ist. Wir wollen eine Zusammenarbeit auf Augenhöhe. Wenn der Kunde trotzdem mit uns zusammenarbeiten will, versuchen wir, bei ›mühsamen‹ Kunden ›Spielregeln‹ aufzustellen – also zum Beispiel Regelungen bezüglich der Auftragserteilung oder Lieferzeiten. Werden diese nicht eingehalten, verlangen wir mehr Geld und der vereinbarte Rabatt hält nicht.«

Ich war immer mehr beeindruckt von meinem Freund. Es war unglaublich, wie ehrlich er zu sich selbst war und dass er mir diese Geschichten erzählte. Er folgte einfach seinem Traum, Spaß haben zu wollen. Natürlich mit Ernsthaftigkeit, aber auch mit einem gehörigen Stück Leichtigkeit.

»Was ist passiert, dass du so geworden bist? Oder warst du immer so?«

Sein Gesicht wurde ernst: »Wenn geliebte Menschen sterben, du keinen Job mehr hast, und das Leben irgendwie nicht mehr so funktioniert wie bisher, beginnst du, ernsthaft darüber nachzudenken, ob du noch auf dem richtigen Platz bist. Ich habe mir die Frage gestellt, was wirklich wichtig in meinem Leben ist, und dann habe ich hart dafür gearbeitet, das umzusetzen. Konsequent, aber ohne dabei jemals den Spaß und die Leichtigkeit aus den Augen zu verlieren. Allerdings habe ich mit dieser Einstellung auch einige Menschen verloren, weil ich nicht mehr die Zeit und die Bereitschaft hatte, Dinge zu machen, die mir weniger Freude bereiteten. So ist das Leben.«

Ich nickte. Es schien ein unumstößliches Gesetz zu sein, dass bei einem konsequenten, bewussten Leben nach den eigenen Vorstellungen bisherige Wegbegleiter auf der Strecke blieben, während andere hinzukamen. Ich erlebte das ja gerade selbst.

Nun war mein Freund an der Reihe, zu fragen: »Und, wie geht es dir mit deinen Wünschen?«

»Großartig. Gestern habe ich mir drei im Detail angesehen. Es waren der Wunsch nach einer neuen Position im Unternehmen, mein Wunsch, einen Marathon zu laufen, und mein Wunsch, ein besserer Freund zu werden.« Ich erzählte ihm von meiner Vorgehensweise. Er sah sehr erstaunt aus und nickte immer wieder wohlwollend.

»Jetzt geht es aber an die Umsetzung. Ein guter Plan nützt mir gar nichts, wenn ich nichts damit mache.«

»Ja, sonst bleibt es nur ein Gedanke. Erst durchs Tun kommt alles in Bewegung.«

Wir genossen noch ein paar Minuten die herrliche Aussicht und machten uns dann auf den Rückweg. Dieser Ausflug hatte mir im wahrsten Sinn des Wortes Berge gegeben.

Zu Hause angekommen, nahm ich das Smartphone zur Hand, um Pauline anzurufen. Aber ich erinnerte mich an ihr E-Mail. Ich musste ja einige Tage ohne sie auskommen. Doch als ich meine E-Mails checkte, sah ich zu meiner großen Freude eines von Pauline.

»Es stellt sich immer wieder die Frage, wie viel wir tun müssen, um weiterzukommen und das zu erreichen, was uns wichtig ist. Fest steht nur eines: Wir müssen etwas dafür tun! So, wie ich dich einschätze, hast du sicher schon zwei Wünsche analysiert und genießt hoffentlich heute einen freien Tag.

In meinen Interviews habe ich keinen Menschen getroffen, der nicht hart gearbeitet hätte, um an sein Ziel zu kommen. Du befindest dich also in guter Gesellschaft!

Die Erfolgsgeheimnisse, die ich in den Interviews kennengelernt habe, hatten stets etwas mit harter Arbeit zu tun: Herr Ing. Karl-Heinz Strauss, MBA, CEO von Porr, wählte den schwierigen Weg. Ihm hat in seinem vorherigen Job geholfen, dass er darauf aufmerksam gemacht wurde, wie wichtig es ist, Projekte zu Ende zu bringen, um weiterzukommen. Das klang so einfach – war aber in manchen Positionen nicht möglich oder sogar eine Gefahr, wenn man mehrere Projekte gleichzeitig in Verantwortung hatte. Man verlief sich manchmal und konnte aus unterschiedlichen Einflussfaktoren Projekte nicht abschließen. Ein Abschluss war aber wichtig, um auch glaubwürdig zu bleiben.

Frau Doris Rose musste als Creative Director und Head of Design in ihren Jobs von vorne beginnen, verlor dabei aber nie die Leidenschaft. Sie hatte nie damit aufgehört, Dinge voranzutreiben und zu verändern. Herr Mag. Harald Neumann, Vorstand von Novomatic, hatte sich seine Berufung erarbeitet, indem er neue Risiken einging. Er baute im Familienunternehmen neue Märkte auf und positionierte sich damit innerhalb bestehender Geschäftsfelder neu. Danach verließ er aus persönlichen Gründen das Unternehmen, um neue Wege zu gehen.

Herr Dr. Hans Peter Haselsteiner von der Strabag baute den Konzern Schritt für Schritt auf, obwohl er zuerst einen ganz anderen Weg gehen wollte. Durch seine Familiensituation erkannte er diese Chance und fand neues Feuer in einem Bereich, der ihm zuvor gänzlich unbekannt war.

Für viele Menschen ist Erfolg gleichbedeutend damit, zwölf Stunden oder mehr am Tag zu arbeiten. Das bedeutet aber nicht, dass sie diese Zeit im Büro sitzen. Harte Arbeit bedeutet in der Praxis, sich mit seinem Tun auseinanderzusetzen – also nicht, das Denken ab einer gewissen Uhrzeit oder Zeitspanne einzustellen, sondern offen für Einfälle zu bleiben und sie voranzutreiben. Der Unternehmer Mag. Ali Rahimi faszinierte mich, weil er immer ein Buch bei sich hat. Er schreibt seine Erkenntnisse darin nieder. Sobald er Gedanken zu etwas hat, wenn ihm ein Spruch gefällt, wenn ihm etwas bei einem Event auffällt, notiert er das sofort.

Warum? Um selbst etwas daraus entstehen lassen zu können, neue Projekte zu finden oder einfach nur, um seinen Horizont zu erweitern. Schriftliche Unterlagen dienen unserem Gehirn dazu, Ideen und Gedanken zu konservieren, um sie später wieder aufgreifen zu können. Nicht niedergeschriebene Gedanken sind flüchtig.

Daher sind auch dein Buch und die Verschriftlichungen deiner Erkenntnisse so wichtig. Und darum legte ich dir das ans Herz. Manche Menschen wollen nicht begreifen, dass es nötig ist, Gedanken schriftlich festzuhalten. Aber die, die es umsetzen, verstehen. Dein Buch hilft dir, deine Gedanken zu sortieren, deine Bilder im Kopf konkreter zu gestalten und deine Vorhaben besser zu organisieren. Du verlierst dich nicht in Details, sondern hast einen besseren Gesamtüberblick, um deine Impulse weiterzugeben. Harte Arbeit bedeutet also nicht, schuften ohne Ende, sondern für seinen Job zu glühen und das nicht nur acht Stunden, sondern eben die ganze Zeit. Ich meine dabei nicht, dass du 24 Stunden arbeitest, sondern, dass du in deiner Freizeit immer noch auch Unternehmer, Angestellter und interessiert an dem bist, womit du dein Geld verdienst. Ein Malermeister wird bei Veranstaltungen mit anderen genauso über seine Arbeit reden, seine Begeisterung zeigen und dadurch vielleicht den einen oder anderen Auftrag an Land ziehen. Wenn jemandem sein Tun gefällt, dann läuft das Rädchen im Kopf auch nach acht Stunden Arbeitstag weiter. Wie kann ich mich weiterentwickeln, ist der Kontakt interessant für das Projekt, wie schön diese Hotel doch ist, da könnten wir einmal eine Weihnachtsfeier machen … und, und, und …

Auch Auszeiten werden bei Menschen, die Spirit bei ihrem Tun haben, zur Selbstreflexion genützt. Will ich noch mehr oder lasse ich es? Die Gedanken drehen sich dann nicht nur um den Job, sondern auch um die eigene Position und die eigenen Ziele.«

Ich fand es erstaunlich, dass sich Paulines Botschaften immer exakt um jene Dinge drehten, denen ich vor Kurzem in meinem Leben begegnet war. Die Aussagen ihres E-Mails erinnerten mich an die Fahrradtour mit meinem Freund und an unser Gespräch. Er hatte mir unter anderem von Unternehmern erzählt, die an der Akquise verzweifeln. Für ihn war das ein Rätsel, weil seiner Meinung nach Akquirieren ohnehin täglich im Austausch mit anderen Menschen passiert. Er sah überall Kontaktmöglichkeiten: Bei einer Geburtstagsfeier oder einer Veranstaltung, wo jemand seinen Zugang inspirierend fand und daraus etwas Neues entstand. Die »Arbeit« bestand also vielleicht hauptsächlich darin, dass man sein »Glühen« nicht abschaltete, sondern bei allen Gelegenheiten jenen zeigte, die es sehen wollten.

Ich glaubte nicht, dass die meisten Menschen, die ihre Wünsche erreicht hatten, intelligenter oder besser als andere waren – sie nahmen sich einfach mehr Zeit für ihr »Glühen« und dafür, ihre Fähigkeiten zu entwickeln. Ich las Paulines E-Mail weiter.

»Fasziniert hat mich auch DDr. Regina Prehofer, Vizerektorin der Wirtschaftsuniversität Wien. Sie war jahrelang im Finanzbereich tätig, suchte eine neue Herausforderung und überlegte sich, nun etwas ganz anderes zu tun. Sie erhielt zu diesem Zeitpunkt in ihrem Leben mehrere Angebote: Das der Wirtschaftsuniversität erstaunte sie am meisten, denn in diesem Bereich konnte sie auf keinerlei Erfahrung zurückgreifen – Wissenschaft und Lehre bzw. die Arbeit in einem Non-Profit-Bereich. Eines war ihr dabei wichtig: ›Kann ich in der Universität und insbesondere beim Neubau des Campus etwas von meinem Wissen einbringen und sie damit weiterbringen? Habe ich Energie und Freude dabei, Dinge umzusetzen – auch wenn es einmal schwierig wird?‹ Mir ist aufgefallen, dass jeder etwas anderes unter harter Arbeit versteht. Es ist ähnlich wie die Frage nach dem Glück – es hat viele Formen und bestimmt sich vor allem durch den Betrachter. Für einen Menschen, der es nicht gewohnt ist, viel zu arbeiten, sind schon vier Stunden Arbeit am Tag viel. Für einen Workaholic andererseits sind acht Stunden zu wenig. Ein Mann, der auf der Baustelle arbeitet, glaubt, dass ein Angestellter oder ein Arzt einen leichteren Job hat. Ein Philosoph oder Politiker bewundert Handwerker, weil diese scheinbar keine Verantwortung tragen müssen und die Aufgaben klar festgelegt sind.

Eines scheint mir klar: Für die meisten bedeutet harte Arbeit, mehr zu leisten als andere in der gleichen Situation. Wenn ein Ziel in zehn Monaten zu erreichen ist, schaffen es erfolgreiche Menschen in vielleicht fünf Monaten oder sogar nur in drei. Und sie fühlen sich wohl, wenn sie für etwas, das ihnen wichtig ist, viel arbeiten. Wie gesagt: Wenn Spaß ein wichtiger Faktor ist, ist Arbeit plötzlich keine ›Arbeit‹ mehr. Darum ist bei vielen meiner Interviewpartner eine 50/60-Stunden-Woche völlig normal. Aber das ist keine Belastung, denn sie tun es, weil sie es wollen und weil es ihnen Spaß macht. Wenn Paralympics-Schwimmerin Ing. Mag. (FH) Sabine Weber-Treiber das Training überwiegend als Last und Verpflichtung empfunden hätte, wäre sie nicht dort, wo sie jetzt steht. Sie ist so erfolgreich, weil sie einen Trainingsplan hat, der ihr hilft, ihren Traum zu leben. Und, weil sie Spaß hat, ihre Ziele zu erreichen – trotz zweier Kinder und einem Job.

Martin Luther prägte den Ausspruch ›Der Mensch ist zur Arbeit geboren, wie der Vogel zum Fliegen‹. Aber, wie du jetzt weißt, ist alles relativ. Oft erzählen mir Menschen, dass sie so hart arbeiten, und lassen dann durchblicken, dass sie einen Acht-Stunden-Bürojob meinen. Und selbst diese Zeit verbringen sie zu einem Großteil mit unwichtigen Dingen, die sie entweder tun, um die Zeit totzuschlagen oder um sich abzulenken.

Es geht hier nicht darum, 20 Stunden am Tag zu arbeiten, sondern darum, in der Zeit, die man mit Arbeit zubringt, die richtigen Dinge zu tun. Wenn ich meine Wünsche kenne, kenne ich meine Ziele und weiß, was ich in meiner Arbeit erledigen muss. Das ist fokussiertes Handeln und bringt den Erfolg. Etwas zu tun, wofür man brennt, bedeutet, nicht auf die Uhr zu sehen, sondern dem Spaß zu folgen. Menschen lieben aber die Komfortzonen und neigen zu Ausreden, warum sie dieses oder jenes Projekt nicht übernehmen sollten. Deshalb sollten wir festhalten, dass harte Arbeit eine Aufgabe oder Handlung ist, bei der ein Ergebnis am Ende steht. Du benötigst eine Umsatz- oder Akquiseplanung oder eine Strategie, um in die nächste Position zu kommen. *Harte Arbeit bedeutet, die richtigen Dinge zu tun und nicht viel von den unwichtigen Dingen.* Sie besteht außerdem darin, sein Bestes zu geben. Nicht nur zu versuchen, etwas zu schaffen, sondern seine volle Kraft einzusetzen und mit Enthusiasmus bei der Sache zu sein. Es gibt durchaus Unterschiede zwischen den verschiedenen Arbeitsmethoden und dem Grad der Anstrengung. Harte Arbeit heißt, wenn nötig bis tief in die Nacht hinein zu arbeiten oder eine kurze Zeit vielleicht fast ohne Schlaf auszukommen. Es bedeutet, abends zu Hause über Akten, Büchern oder Projektunterlagen zu sitzen, während sich andere vergnügen. Und es heißt, manchmal gewisse Zeit auf Freizeit verzichten zu müssen.

Der Grund, warum viele Menschen ihre Wünsche nicht leben und keine Ziele erreichen, ist ganz einfach: Sie sind nicht dazu bereit, Zeit zu investieren, ihre Komfortzone zu verlassen, neue Wege zu gehen und dafür hart zu arbeiten. Auch dazu fällt mir ein Sprichwort ein: ›Dem fleißigen Hamster schadet der Winter nicht.‹ Das muss nicht heißen, dass harte Arbeit etwas Mühsames und Anstrengendes ist. Natürlich gibt es Zeiten, in denen sie keinen Spaß macht und fernzusehen oder Musik zu hören verlockender wäre, aber meistens bereitet sie viel Freude. Die Voraussetzung dafür ist, seine Arbeit zu lieben, begeistert dabei zu sein. Wer seine Arbeit hasst, dem wird es selbstverständlich schwerfallen, konsequent hart zu arbeiten. Stattdessen wird so jemand konsequent Wege finden, wie er genau das nicht tun muss.«

Das war ein langes E-Mail – aber es enthielt den Klartext, den ich im Moment brauchte. Es machte mir erneut bewusst, wie bereichernd es war, seinen Träumen und Vorlieben zu folgen und sich nicht bloß mit irgendeinem Job, irgendeiner Lebenspartnerin oder irgendwelchen Freunden zufriedenzugeben. Ich hatte meinen Beruf auch wegen des zu erwartenden Gehaltsniveaus gewählt und arbeitete hart dafür. Aber ich merkte zunehmend, wie viel schwieriger es war, sich für etwas auszupowern, bei dem der Sinn fehlte.

Kaum hatte ich den Gedanken fertig gedacht, läutete mein Handy. Mein Freund von der Radtour war dran: »Unser Gespräch geht mir nicht mehr aus dem Kopf.«

Ich musste schmunzeln. Ich fand es spannend, dass wir uns gegenseitig anregten: »Lass hören!«

»In den letzten Jahren sind mir der Sinn und etwas Wertvolles zu tun sehr wichtig geworden. Essen an sich kann nicht mehr Sinn haben, als es hat, aber welche Produkte ich anbiete, woher sie kommen und nach welchen Richtlinien sie produziert werden, macht den Unterschied. Was ich damit sagen will: Ich habe durch unser Gespräch erkannt, dass auch der Sinn mit dem Spaß verbunden ist.«

»Ist aus deiner Sicht also harte Arbeit für den Erfolg wichtig?«

»Ja, aber du empfindest es nicht als harte Arbeit, wenn du es gern tust. Und du tust es gern, wenn es Sinn ergibt.«

»Warte, lass mich zusammenfassen. Ich hatte ebenfalls ein paar Erkenntnisse zu dem Thema. Harte Arbeit ist wichtig, um etwas zu erreichen, was andere Menschen nicht schaffen. Aber Arbeit allein reicht nicht. Nicht jeder kann so gut fahren wie Schumacher. Es bedarf einer besonderen Fähigkeit, eines Talents, etwas, das ich besser kann als andere, um etwas Außergewöhnliches zu leisten. Erst Talent in Kombination mit harter Arbeit, Begeisterungsfähigkeit und Leidenschaft lässt Herausragendes entstehen. Was jeder mit zwei Stunden Arbeit erreichen kann, ist keine besondere Herausforderung. Schritt für Schritt entwickeln sich erfolgreiche Menschen, indem sie auch den Weg als Ganzes sehen. Ein Schumacher kann ja nicht von Anfang an gut fahren, und ein Opernsänger ist nicht vom ersten Tag an in der Staatsoper. Oder?«

»Sicher«, antwortete mir mein Freund.

»Somit sind das Tun an sich und die kleinen Fortschritte dabei bereits eine Bestätigung für den Erfolg.«

»Darüber muss ich noch einmal nachdenken.« Er wünschte mir einen schönen Abend und beendete das Gespräch.

Kaum hatte ich aufgelegt, kam erneut eine Chat-Nachricht von Pauline. Wie jetzt? Ich dachte, sie ist nicht da. Es war verrückt, wie sich alles immer wieder überschnitt. War das Zufall oder nicht? Es ging mir nicht nur mit Pauline so. In letzter Zeit begegneten mir Menschen, die ich von früher kannte und seit langer Zeit nicht mehr gesehen hatte. Und jeder von ihnen hatten irgendeinen Impuls für mich, der gerade zur rechten Zeit kam.

»Sorry, ich habe das E-Mail irrtümlich abgeschickt und war noch gar nicht fertig«, schrieb Pauline.

»Eine schöne Überraschung«, antwortete ich.

»Menschen, die Schritt für Schritt vorangekommen sind, hatten bis zu ihrem großen Erfolg kleine Erfolge, die ihnen bestätigt haben, dass sie das Richtige tun. Menschen, die aus einer reichen Familie kommen, haben natürlich einen Vorteil, denn da ist das Gefühl für Erfolg schon manifestiert. Das bedeutet, wenn Geld da ist, hat man erst einmal nicht mit dem nackten Überleben zu kämpfen. Gleichzeit haben Vater und Mutter, die das Geld erwirtschaftet haben, schon die eine oder andere Erfahrung gemacht, und es gibt Erfahrungen und Kontakte, die die Kinder mitnutzen können.

Aber selbst Mag. Ali Rahimi, dem das Geschäft seines Vaters quasi in die Wiege gelegt worden war, musste hart arbeiten, um das Unternehmen noch erfolgreicher zu machen und es global auf dem Markt zu halten. Mag. Bettina Glatz-Kremsner, Vorstandsmitglied der Österreichischen Lotterien, betont, dass für den Erfolg neben Selbstvertrauen und persönlichem Engagement vor allem auch Authentizität besonders wichtig ist. Frauen sollen sich nicht verstellen oder gar von anderen in ein – männliches – Rollenbild drängen lassen.

Wer die Regeln von Gruppen gelernt hat, weiß, wie man sich am Parkett der Erfolgreichen und der unterschiedlichen Gruppen zu bewegen hat. Es fällt einem leichter, Kontakte zu knüpfen und Leute für seine Ideen und Vorhaben zu gewinnen.

Aber, es geht nicht nur um vorhandenes Kapital wie Familie, Kontakte oder Geld. Talent und eine charismatische Ausstrahlung sind immer noch wichtig, um erfolgreich zu sein. Selbst wenn alles, was für den Erfolg wichtig ist, scheinbar schon in Griffweite ist, gibt es keine Garantie. Denn wenn du mit einem idealen Hintergrund oder einer Gabe nichts anzufangen weißt, wirst du dir deine Wünsche dennoch nicht erfüllen können. Menschen, die diese Startvorteile nicht haben, deren familiärer Hintergrund ihr Streben also nicht stützt, oder die keine herausragende Gabe haben, müssen mehr als andere leisten, um den Vorsprung der anderen wettzumachen. Vielleicht dauert es ein wenig länger, aber trotzdem ist es möglich, wenn der Wille da ist, ihre Wünsche zu erreichen.«

Ich musste an das Zitat des amerikanischen Selfmade-Milliardärs Wayne Huizenga denken: »Wir sind nicht besser oder schlauer als die Konkurrenz, aber wir arbeiten doppelt so hart.« Dann stimmt das nicht ganz. Es ändert etwas, wenn ich einen anderen Hintergrund habe – trotzdem kann ich es wettmachen, wenn ich daran arbeite. Besser müssen wir in unserem Bereich sein und schneller sicher auch. Okay, ich hatte die Botschaft verstanden: Die naheliegendste Lösung für die Erfüllung meiner Wünsche war, einfach viel zu arbeiten und in meinem Jobbereich noch besser zu werden und etwas zu finden, was mich von den anderen unterschied. Die Stabsstelle, die ich anstrebte, war etwas, wo ich schon Erfahrung mitbrachte – bei dem ich aber mein Know-how noch vertiefen konnte. Und es würde nicht passieren, wenn ich mich nicht bald von der gemütlichen Fernsehcouch erheben würde. Nur Handeln bringt mich weiter! Das war mir zwar schon seit letzter Woche klar, aber nun war Zeit für die Umsetzung.

»Damian Izdebski beeindruckte mich auch bei diesem Thema besonders. Er und seine Frau waren erfolgreich, riskierten viel und verloren alles. Er baute dennoch erneut erfolgreich ein neues Unternehmen auf. Er ist auf einem sehr guten Weg, bald wieder ganz oben zu stehen. Warum? Er arbeitet hart, hat durch sein Scheitern viel gelernt und nützt die Kontakte von früher. Viele würden sagen: Ja klar, sein Name hilft ihm dabei, und es ist leicht für ihn. Doch jeder, der näher hinsieht, weiß, dass er sehr hart dafür arbeiten musste. Er hatte viel damit zu tun, Stück für Stück sein Image wiederherzustellen und verbrannte Erde neu zu bestellen, um vielleicht in ein paar Jahren ernten zu können. Er fängt neu an – mit einer Reihe von Vorteilen. Doch er hat auch Zweifel und Ängste im Gepäck, die ihn sicher seit seinem Scheitern begleiten. Was mich persönlich beeindruckt, ist, dass er als öffentlich bekannte Person aufsteht und den Mut hat, in Österreich noch einmal zu starten. Und ich denke, sein Mut, sein Spaß an der Sache und seine harte Arbeit werden belohnt werden.«

Ja, das beeindruckte auch mich. Mir wurde immer klarer: Ich musste dranbleiben – vielleicht länger, als ich erwartet hatte. Arbeit in meinem jetzigen Bereich allein war sicherlich nicht die Lösung, um die Stabsstelle zu bekommen, aber es war eine entscheidende Zutat, um mir meine Wünsche dauerhaft zu erfüllen.

Mir kam John D. Rockefeller in den Sinn, der sich aus dem Nichts das größte Vermögen seiner Zeit durch Geschäfte mit Erdöl aufgebaut hatte. Er war förmlich besessen von seiner Arbeit. Sogar an seinem Hochzeitstag gestattete er sich keine Auszeit, sondern arbeitete am Nachmittag. Sein Wunsch war sicher, reich zu werden, was ich ja nicht in dieser Größenordnung anstrebte und viele andere Menschen sicher auch nicht. Es geht nur darum, zu erkennen, wie wichtig es ist, Zeit mit dem zu verbringen, an was man glaubt, um seinen Wunsch zu erreichen. Ich habe großen Respekt vor Menschen, die in ihrem Leben hart arbeiten und nicht versuchen, sich davor zu drücken – unabhängig davon, ob sie Millionär werden wollen oder dafür kämpfen, dass ihre Kinder eine bessere Zukunft haben als sie selbst.

»Pauline, hast du überhaupt Zeit, mit mir zu schreiben? Ich will dich nicht von dem abhalten, was du gerade machst. Wir können das gerne das nächste Mal besprechen.«

»Es geht gerade ganz gut. Und auch ich habe Spaß daran, meine Erkenntnisse mit dir zu teilen. Unbeweglichkeit ist für mich im Übrigen wie eine Krankheit – und oft eine ansteckende! Ich habe in den letzten Jahren gelernt, mich nur mit Menschen zu umgeben, die ähnlich ticken wie ich. Ich denke, das ist automatisch so, wenn man beginnt, das zu tun, was einem Spaß macht. Ich ziehe meist nur mehr Menschen an, die eine kompatible Einstellung zum Leben haben. Menschen, die unglücklich mit ihrem Job oder mit ihrem Leben sind, aber nichts verändern wollen, sind für mich Energievampire. Ich erkenne einen fleißigen, engagierten Menschen schon nach kurzer Zeit. Ein Fleißiger fühlt sich schon nach kurzer Zeit ohne Beschäftigung unwohl und beginnt schon nach einigen Stunden oder Tagen ohne ›Arbeit oder Tätigkeit‹, etwas zu suchen, wo er sich sinnvoll betätigen kann. Und das bedeutet nicht, dass alle Menschen in meiner Umgebung reich sind und eine 60-Stunden-Woche haben. Im Gegenteil. Mein Vater zum Beispiel liebt seinen Garten und pflegt ihn mit vollem Einsatz. Er liest Bücher, weil er dafür in der Pension Zeit hat. Er sitzt nicht untätig herum, sondern gestaltet sein Leben nach seinen Interessen und Wünschen. Das steckt einfach an und ermutigt mich auch, immer wieder meine Wünsche zu leben. Er ist ein Vorbild. Oder nimm meine Freundin, die zwei Kinder hat und trotzdem noch die Zeit findet, ihrer Musikliebe nachzugehen. Sie singt in einem Chor und das mit vollem Einsatz und Spaß. Es ist ein Teil ihres Lebens. Ihr Chor ist ziemlich erfolgreich in ihrer Heimatstadt. Sie hört in der Freizeit viel klassische Musik, um ihre Stimme und ihr Gehör für bevorstehende Konzerte zu schulen. Sie lebt dafür – und diese Begeisterung lässt sie strahlen.«

»Ich gebe dir recht, Pauline. Aber du stimmst mir sicher zu, dass das auch einen gravierenden Nachteil hat: Mit Pfeffer im Hintern tut man sich sehr schwer damit, abzuschalten und Regeneration zuzulassen. Mir geht es sehr oft so. Früher habe ich mich abgelenkt und Erholung nicht als wichtig empfunden. Jetzt helfen mir die Familie, Freundschaften und Zeit mit mir selbst. Aber ich merke in meiner Umgebung, dass Entschlackungshotels, Klöster oder vergleichbare Einrichtungen ein Anziehungspunkt für viele Manager sind, um der harten Arbeit erfolgreich entfliehen zu können.«

»Ich stimme dir zu. Das ist genau der Grund, warum wir auf allen Ebenen eine Balance haben müssen. Es geht hier nicht nur um berufliche Wünsche, sondern auch um ganz persönliche Wünsche. Wenn wir uns nur um eines kümmern, kann die Balance sehr schnell vorbei sein. Es braucht einen Ausgleich. Sich eine Zeit lang auf etwas zu konzentrieren – zum Beispiel darauf, ein Buch zu schreiben – ist möglich, doch danach muss es wieder andere Prioritäten geben wie Familie, Beruf und Freizeit. Aber, ich will mich nicht wiederholen.«

»Ich bin ja sehr zielstrebig und arbeite sehr viel für das, was ich erreichen will. Das habe ich aber immer schon getan. Kann man diese Hartnäckigkeit eigentlich lernen? Oder ist das Charaktersache wie bei mir?«

»Wenn du für deine Ziele und Wünsche genug Begeisterung empfindest, den Willen zum Erfolg förmlich spüren kannst und hart daran arbeitest, passiert das alles wie von selbst. Dann fühlt sich alles leicht an. Euphorie für die Wünsche ermöglicht die Zielstrebigkeit. Wenn mir etwas nicht wichtig ist, warum soll ich dann dafür hart arbeiten? Die Komfortzone kann ich nur verlassen, wenn der Wunsch dermaßen wichtig ist, dass ich ein Training starte, meine Ernährung umstelle oder 16 Stunden arbeite. Du tust dann einfach alles, um es zu schaffen. Deshalb ist das Wichtigste, dass du deinen Wunsch in ein brennendes Verlangen verwandelst. Das erreichst du vor allem durch Visualisierung und Affirmation. Ist der Wunsch stark genug, gibt es nichts zu steuern oder nichts von dir zu fordern. Du bist dann auf einer Art Wunscherfüllungs-Autopilot.

Trotzdem gibt es Menschen, die sich mit einem Plan oder Fokus schwertun – wie du bei dir selbst siehst. Aber es ist einfach wichtig, Strukturen und Prioritäten für deine Arbeit und für deine Ziele zu setzen. Gerade, wenn du für etwas brennst, bist du übereifrig und tanzt womöglich auf vielen Hochzeiten. So bekommst du aber nichts in die richtigen Bahnen und bleibst der Erreichung deiner Ziele fern. Du hast doch sicher mehrere Ziele, oder?«

»Ja. Eine neue Position mit neuem Verantwortungsbereich war mein Wunsch. Jetzt gibt es dahinter ein konkretes Ziel, das ich in meinem jetzigen Unternehmen anstrebe.«

»Eben. Die willst du sicher gleichzeitig bearbeiten und das braucht Planung und ein gezieltes Zeitmanagement. Hast du aber sicher schon gemacht. Oder?«

»Ja, habe ich. Aber ich möchte mich dabei irgendwie selbst überholen.«

»Es ist wichtig, dass du deine Konzentration und deinen Fokus erhöhst. Oft kommt es vor, dass du zwar hart arbeiten willst, aber ständig abgelenkt wirst oder deine Prioritäten falsch setzt und deshalb nichts erreichst. Nur darüber zu reden, was du alles haben möchtest, reicht nicht, um es zu erreichen. Wenn du dann deine Ziele nicht erreichst, obwohl du viel tust, entsteht eine riesige Enttäuschung und du beginnst, an dir zu zweifeln. Wie gesagt: Hart arbeiten muss nicht bedeuten, jeden Abend bis zwei Uhr nachts am PC zu sitzen oder stundenlang Vokabeln zu lernen – es kann auch heißen, effektiver zu arbeiten, indem du ein gutes Zeitmanagement entwickelst, sehr konzentriert beim Arbeiten bist und auf diese Weise mehr Aufgaben in kürzerer Zeit mit größerem Erfolg erledigst. Fokus ist wichtiger, als ohne Fokus viel Zeit zu investieren.«

Und schon wieder erhielt ich ein Rezept, das plausibel klang. Zwar sträubte sich der unstrukturierte Teil in mir, alles planen zu müssen, aber mir leuchtete der Sinn dahinter ein, und ich war bereit, über meinen Schatten zu springen.

Pauline war schon einen Gedanken weiter: »Vor Kurzem hatte ich wieder einmal einen Unternehmer bei mir sitzen, der zwei Wochen im Krankenhaus zugebracht hatte. Ich sah ihn an und wusste gleich, dass er kurz vor einem Burn-out stand oder sogar mittendrin war. Er meinte, er arbeite viel und schaffe vieles nicht mehr. Der Frust sei gewachsen, der Druck auch, und er kompensiere es mit noch mehr Anwesenheit und Alkohol. Das war der Ausgangspunkt für unsere gemeinsame Arbeit.

Er sah sich seine Prioritäten an, analysierte die Probleme – in seinem Fall vor allem delegieren und vertrauen – und fing damit an, seine Woche zu planen. Die Aufgabe, die er sich selbst stellte, war, mehr Zeit für sich freizuspielen und trotzdem Unternehmer zu bleiben. Er erstellte einen Zeitplan und musste in dieser Zeit seine Aufgabenliste abarbeiten. Erst danach durfte er Dinge machen, die ihm für seine

Wünsche wichtig waren, ihm Spaß machten und seinen Horizont erweiterten. Operative Arbeit verbot er sich.

Wenn so ein Plan entsteht, kommt bei fast jedem automatisch Widerstand hoch. Viele sehen so ein Vorhaben womöglich sogar als Widerspruch zu harter Arbeit. Wie erfolgreich war es? Der Unternehmer erzählte mir nach einiger Zeit, dass er weniger arbeitet, aber besser vorankommt. Er berichtete über seine anderen Aktivitäten, wie viel Spaß er damit hatte und wie glücklich und erleichtert er über die neue Situation war. Er erledigte seine Arbeit effizient und hatte gleichzeitig wieder Spaß daran. Den Spirit, erfolgreich zu sein, hatte er immer in sich. Aber falsches Zeitmanagement ließ ihn verzweifeln. Du siehst: Wünsche, Spirit und Träume allein reichen nicht. Im Gegenteil: Mit einer falschen Umsetzung kann alles sogar nach hinten losgehen.«

»Ich verstehe. Wenn ich noch Zweifel an meinem Tun habe oder mich noch nicht zur notwendigen Arbeit überwinden kann, sollte ich nachsehen, ob meine Wünsche noch stark genug sind. Ist der Wille, hart arbeiten zu wollen, eigentlich zu einem großen Teil von der Erziehung abhängig oder auch von den Menschen, die man sich zum Vorbild genommen hat?«

Wenn man nicht gesehen hat, dass die eigenen Eltern und Verwandten viel gearbeitet haben, wäre es wohl hilfreich, als Erwachsener Arbeit im Allgemeinen lieben zu lernen. Sich vor Arbeit zu drücken, würde der Erfüllung irgendwelcher Wünsche kaum zuträglich sein. Aber dazu bestand ja kein Anlass: Arbeit war aus meiner Sicht ein notwendiges Element zum Erfolg. Menschen, die die richtige Arbeit machten – egal ob viel oder wenig –, waren mit Sicherheit glücklicher. Dale Carnegie empfahl sogar Beschäftigung und Arbeit als Mittel gegen Kummer und Sorgen. Das konnte ich nur bestätigen. Ich war froh, wenn ich etwas zu tun hatte und etwas leistete – nicht nur für mich, sondern auch für andere Menschen.

Pauline setzte ihr Plädoyer für einen geregelten Ablauf fort: »Ich beobachte bei erfolgreichen Menschen, dass sie früh aufstehen, zu normalen Zeiten ins Bett gehen und einen kontinuierlichen Rhythmus in ihrem Leben haben, der ihnen ein geregeltes Arbeiten – und somit ein stetes Weiterkommen – ermöglicht. Das ist kein Hinderungsgrund, um eigenen Interessen oder persönlichen Wünschen nachzugehen. Laufen, lesen und Freunde lassen sich leicht in den Alltag integrieren, wenn man das möchte.«

Okay. Bei mir war es meist genauso. Das Hobby sollte nicht viel Zeit benötigen. Laufen war da sehr hilfreich. Jetzt wollte ich ja mit Golf beginnen und hatte so meine Bedenken, da ich ja doch sehr ehrgeizig bin und der Sport Zeit frisst. Aber, wenn es mir wirklich Spaß machen sollte, würde ich das im Alltag unterbringen können. Wichtig war mir, dass Sport mir Energie bringen sollte und die Ausübung jederzeit ohne großen Aufwand möglich war. Durch Golf wollte ich mein Körpergefühl und meine Konzentration verbessern.

»Ich ziehe Resümee, liebe Pauline: Ich muss mich für meine großen Wünsche sehr und richtig anstrengen. Nach der chinesischen Weisheit: ›Ohne harte und ernste Arbeit gibt es keinen strahlenden Erfolg.‹«

»Auf den Punkt gebracht. Mir gefallen deine Metaphern, die du dafür findest. So, jetzt muss ich aber gehen, sonst wird mein Mann ganz unruhig. Wir sind eingeladen, und ich freue mich auf meine Freunde. Schönen Abend, mein Lieber.«

Ich mache Fehler

Gestern hatte ich mich darauf gefreut, meinen Gedanken und Worten endlich Taten folgen zu lassen. Aber heute war ich aufgewacht und war plötzlich voller Angst. Was ist, wenn all meine Vorhaben scheitern würden? Was passiert mit mir, wenn ich das nicht erreiche, was ich erreichen möchte? Wie tief würde ich nach diesem intensiven Austausch und nach all meinen Bemühungen fallen? Wie gehe ich damit um, wenn ich mir eingestehen muss, dass ich meine Wünsche vielleicht nie erfüllen kann?

Ich versuchte, mich zu beruhigen und die negativen Gedanken aufzulösen. Doch ich war richtig unrund und kurzatmig, und es fühlte sich an wie eine kleine Panikattacke. Deshalb zwang ich mich dazu, aufzustehen und positiv zu denken. Keine Ahnung, woher diese Zweifel plötzlich kamen. Ich würde einfach loslegen, und es würde schon gut gehen.

Aber, so schnell wollten die Zweifel nicht weichen. Ich merkte bis zur Hälfte der Woche eine tief sitzende Blockade in mir, die mich nicht und nicht ins Handeln und Tun kommen ließ. Im Gegenteil: Ich war wie gelähmt. Freitagabend bemerkte ich, dass mich Pauline angerufen hatte. Ich rief sie zurück.

»Lust auf ein Treffen?«

»Es muss sein, Pauline. Irgendwie ist diese Woche extrem. Ich habe Angst, Fehler zu machen.«

Sie schien nicht sehr erstaunt über meine Gemütslage zu sein. Wir verabredeten uns in einem ruhigen Lokal auf ein Abendessen.

»Ich bin so froh, dass du dich gemeldet hast. Eigentlich wollte ich dich nach unserem intensiven Austausch am Wochenende nicht schon wieder belästigen. Aber ich bin seit Tagen total blockiert und trete auf der Stelle. Die Angst davor, Fehler zu machen, lähmt mich. Ich habe das Gefühl, ich mache mir derzeit mehr Gedanken darüber, wie es nicht geht, als darüber, wie es gehen könnte.«

Pauline lächelte mich an, lehnte sich zurück und begann, zu erzählen.

»Die gute Nachricht: Das ist nichts Ungewöhnliches, und du bist nicht allein damit. Lass mich dir von Doris Rose von Jones erzählen. Ihre Eltern hatten einen Betrieb, den sie gerne irgendwann übernommen hätte. Sie hatte immer das Ziel vor Augen, diesen Betrieb zu führen. Es war ihr größter Wunsch. Doch als Frau Rose 16 Jahre alt war, stand der elterliche Betrieb vor dem Konkurs. Und schließlich verloren sie alles, was sie hatten. Die finanzielle Lage war so prekär, dass Frau Rose selbst ihre Studienpläne ad acta legen musste. Stattdessen ging sie arbeiten, um mitzuhelfen, die Familie durchzubringen. Ihr Ziel lag plötzlich in Trümmern. Und, wie geht es ihr jetzt? Sie ist Chefin eines florierenden Betriebes. Heute sagt sie, dass sie von der harten Zeit damals extrem geprägt wurde und nun im eigenen Unternehmen sehr behutsam agiert. Du kannst dir vorstellen, wie stolz ihre Eltern auf ihre Tochter sind. Trotz dieses enormen Rückschlages hat sie für ihren Traum gekämpft und ihn sich erfüllt.«

Ich verglich die Geschichte mit meiner Situation, und mir wurde klar, dass ich auf sehr hohem Niveau jammerte. Ich hatte Menschen, die trotz Schicksalsschlägen wieder aufstehen und für ihren Traum kämpfen, immer schon bewundert.

»Ich habe dir das letzte Mal von Damian Izdebski erzählt. Er war 2009 Finalist für die Auszeichnung ›Österreicher des Jahres‹ und gewann den ›Entrepreneur des Jahres‹-Award. Sein Unternehmen DiTech bekam eine staatliche Auszeichnung für besondere wirtschaftliche Leistungen.

Und 2014 war alles vorbei. Nach der Unternehmenspleite war nichts mehr wie zuvor. Menschen, die vorgegeben hatten, seine Freunde zu sein, wechselten plötzlich die Straßenseite, wenn sie dem DiTech-Boss begegneten. Keiner wollte plötzlich mit einem ›Gescheiterten‹ gesehen oder auch nur in Verbindung gebracht werden. Er wurde von heute auf morgen von Gästelisten gestrichen und von Veranstaltungen ausgeladen. Kannst du dir vorstellen, wie sich das anfühlt, wenn man offensichtlich nichts mehr wert ist?«

Ich schrumpfte in meinem Sessel zusammen. »Ich habe verstanden«, sagte ich kleinlaut. »Ich sollte damit aufhören, mich zu beschweren. Meine Ängste sind nicht angemessen, und ich sollte mich auf das konzentrieren, was für mich zu tun ist.«

Pauline nickte zustimmend. »Schau, es gibt eben die Art von Menschen, die stolpern, untertauchen und nie mehr gesehen werden, und jene, die aufstehen und einfach einen neuen Weg gehen. Letztere arbeiten meiner Meinung nach noch intensiver an der Erreichung ihrer Ziele. Nach dem Motto ›Jetzt erst recht!‹ halten sie sich nicht damit auf, über Fehler nachzudenken, sondern nützen diese, um etwas zu lernen und es in Zukunft besser zu machen. Ihr Credo: ›Der Weg war nicht richtig – nun gehe ich einen anderen.‹ Viele hören auch nicht primär auf ihre Umgebung, sondern halten sich an Experten, die sich auf ihrem Gebiet wirklich auskennen. Freunde und Bekannte sind schnell weg, wenn es einem nicht so gut geht – und schnell wieder da, wenn man wieder Aufwind hat. Aber das Scheitern selbst ist auch für diese Menschen nicht einfach. Sie schaffen es nur, einen Antrieb zu entwickeln, der den Schmerz des Scheiterns overruled.«

»Scheitern ist hierzulande verpönt. Es gleicht einer ansteckenden Krankheit. *Dabei ist Scheitern ein wichtiger Schritt, um sich weiterzuentwickeln.*«

Pauline nickt wieder. »Die Wahrheit ist noch viel radikaler: Ich kenne keinen erfolgreichen Menschen, der zuvor noch nie gescheitert ist. Es muss nicht immer in der Größenordnung von DiTech passieren – oder in Form einer Krankheit wie bei Ing. Mag. (FH) Sabine Weber-Treiber, die querschnittgelähmt wurde und sich als Spitzenschwimmerin bei den Paralympics zurückgekämpft hat. Es geht darum, zuzulassen, dass auf dem Weg nach oben nicht immer alles nach Wunsch verläuft. Es gibt keine Straße, die gänzlich eben und frei von Hindernissen ist. Das Leben ist nicht immer ein Spaziergang.«

»Das stimmt. Es kann an einem Tag respektlos und hart sein und uns an einem anderen Tag mit Liebe und Unterstützung überraschen.«

Pauline saß noch immer betont entspannt auf ihrem Sessel: *»Das Leben, mein Lieber, hat nicht die Aufgabe, unser Bedürfnis nach Ruhe zu befriedigen.* Es bietet uns Facetten, an denen wir wachsen können, wenn wir wollen. Aber viele Menschen wollen gar nicht wachsen. Ich behaupte sogar: Wir lernen nur von den harten Momenten, während uns die guten Zeiten helfen, das Leben zu genießen. Wie gehst du mit Niederlagen um? Oder, wie bist du bis jetzt damit umgegangen? Sperrst du dich ein und meidest jeden Kontakt zu Außenwelt? Oder stellst du dich der Situation, um zumindest mit erhobenem Haupt unterzugehen?«

Ich hatte schon mit dieser Frage gerechnet. »Ich stelle mich, obwohl ich mich manchmal gerne verstecken und mich meinem Selbstmitleid hingeben möchte. Mir ist schon bewusst, dass Verstecken und Davonlaufen für viele der einfachere Weg zu sein scheint. Ich habe die Erfahrung gemacht, dass alles halb so schlimm ist, wenn ich dem Problem ins Gesicht schaue. Der Gedanke und die Angst sind viel heftiger als die Realität.«

Pauline lächelte. »Scham ist häufig mit dem Scheitern verbunden. Übrigens ist es für keinen Menschen einfach, zu scheitern. Trotzdem gehört es zum Erfolg dazu. Auch wenn mir Karrieren untergekommen sind, die scheinbar nur nach oben führten – bei näherem Hinsehen ist keine ohne Einbruch oder Rückschlag ausgekommen. *Aber gerade der Rückschlag hat aus vielen Menschen erst außergewöhnliche Persönlichkeiten gemacht.* Scheitern bringt einen Menschen zurück auf den Boden der Realität, und er wird sich seiner Grundwerte bewusst. Wenn Menschen gescheitert sind, haben sie viel gelernt – oft weitaus mehr, als wäre alles wie am Schnürchen gelaufen. Und: Scheitern gibt auch Sicherheit. Denn, wer Höhen und Tiefen erlebt hat, weiß besser, wie er auf zukünftige Rückschläge reagieren wird.«

Ich dachte an meine eigenen Rückschläge und wie ich damit umgegangen war: »Also, wenn ich an einem Projekt oder an einer Situation scheitere, suche ich die Nähe von engen Freunden, um zu vergessen und mich abzulenken. Danach brauche ich Zeit für mich allein, um zu reflektieren. Und dann flüchte ich mich in die Arbeit, um es in neuen Projekten besser zu machen. Meist sehe ich die viel zitierte Chance in einer Krise und nutze diese auch. Irgendwie gibt es letztlich immer eine Lösung – aber solange ich mich dem Leid hingebe, sehe ich sie nicht. Ich brauche Abstand zur Situation, um Lösungen zu generieren. Und ja, Scham blockiert mich wie kaum ein anderes Gefühl.«

An Paulines Mimik erkannte ich, dass ihr das alles nicht neu war. »Du kennst sicherlich die Phrase ›In die Ecke mit dir und schäm dich!‹. Scham begegnet uns schon in frühem Alter und wird durch solche Situationen verankert. Darum begegnet uns dieses Gefühl auch als Erwachsener immer wieder. Es wäre weitaus konstruktiver gewesen, wenn wir als Kinder ›Kopf hoch! Das kann jedem passieren! Versuch es noch mal! Ich glaube, dass du es hinkriegst!‹ zu hören bekommen hätten. Leider widerspricht das unserer Fehlerkultur. Und das zieht sich durch alle Bereiche. In vielen Unternehmen werden Produkte zu Tode analysiert und verbessert. Dadurch verzögert sich der Entwicklungszyklus so lange, bis das Produkt von einer Konkurrenzfirma auf den Markt gebracht wird. Die Angst davor, Fehler zu machen, beherrscht alles.«

»Warum eigentlich?«, unterbrach ich Pauline.

»Die Frage stelle ich mir auch oft. Wenn jede Idee sofort im Moment be- bzw. verurteilt wird, bleibt die Kreativität auf der Strecke. Und wenn jede Aussage oder Meinung mit Daumen hoch oder Daumen runter quittiert wird, verliert man die Chance auf eine Vielfalt an Sichtweisen. Aus der Vielfalt kann ungleich mehr Neues entstehen. Die Angst, etwas ›falsch‹ zu machen, hingegen blockiert unseren Spirit und verhindert, dass wir für etwas ›brennen‹.«

»Aber, lese ich nicht in jedem zweiten Fachartikel, dass Unternehmen gerade nach Mitarbeitern suchen, die querdenken und neue Wege gehen, um genau diese Kreativität und Vielfalt an Bord zu holen und sich dadurch einen Vorteil zu sichern?«

»Diese Unternehmensphilosophie heften sich viele an die Fahnen – und versumpfen dann doch in einem hierarchischen Akkorddenken. Und Kreativität, die immer wieder als ›falsch‹ etikettiert wird, hat einen immens destruktiven Einfluss auf die Kreativen selbst. Denn, wer will schon ständig Ablehnung und schiefe Blicke erfahren? Fakt ist: Die Angst, etwas falsch zu machen, lässt viele coole Ideen bereits im Moment ihrer Entstehung versanden.«

»Genau das habe ich einmal von einem befreundeten Grafiker gehört: Kreativ kann nur sein, wer keine Angst hat, etwas falsch zu machen.«

»Und doch passiert das öfter, als du glaubst. Diese Angst beschränkt sich nicht nur auf klassische kreative Berufe. Unter Kreativität fällt so gut wie jede Idee. Und es sind nicht immer andere, die sie wegfürchten. Es gibt viele Unternehmer, die wirklich gute Ideen haben, denen aber der Mut fehlt, sie umzusetzen.«

Im Stillen dachte ich mir: »Die stellen sich sicher die gleichen Fragen wie ich momentan. Was passiert, wenn ich meine Position nicht erreiche und mich Kollegen dabei beobachten, wie ich scheitere? Was passiert, wenn sich das Risiko nicht bezahlt macht und ich den Job nicht kriege? Zurückrudern kann ich ja schwer und in meinem jetzigen Job will ich dann auch nicht bleiben. Was tu ich dann? Es gibt keine Garantie, oder?« Ich sagte zu Pauline: »Diese Selbstblockade ist eigentlich schrecklich.«

Pauline nickte: »Es gibt keine Garantie. Angst ist immer schrecklich. Und auch die Gründe für die Angst. Viele Menschen fürchten sich davor, auch nur das geringste Risiko einzugehen, weil sie nicht wollen, dass sie im Falle des Scheiterns jemand anderer verurteilt.«

Peinlich berührt dachte ich an die Fragen, die mir aktuell im Kopf herumgeisterten.

»Die Angst ist so groß, dass diese Menschen darauf verzichten, ihren Weg zu gehen. Das heißt nicht, dass sie jedem momentanen Gedanken bedenkenlos folgen sollten. Es ist wichtig, Risiken, Nutzen und Möglichkeiten professionell abzuwägen. Aber selbst dabei hilft es einem, wenn man Fehler nicht als Tabu, sondern als Art ›Reality Check‹ betrachtet: Geht die Welt unter, wenn ich diesen Fehler mache? Werde ich gefeuert? Wenden sich meine Freunde ab? Bei vielen Neins als Antwort kannst du entspannt bleiben. Stell dir einfach diese Fragen und du wirst merken, dass deine Idee oder dein Projekt diese Prüfung besteht.«

Auch davon hatte ich schon gehört. Ein Freund nannte es die »Worst Case«-Prüfung. Die Frage »Was ist das Schlimmste, das passieren kann, wenn ich scheitere?« nimmt die Angst. Denn, Angst haben wir in der Regel nur vor dem Unbekannten – und nicht vor dem Scheitern selbst.

»Sobald ich mir der möglichen Auswirkung des Scheiterns bewusst bin, kann ich eine fundierte Entscheidung treffen, ob ich das Risiko eingehe oder nicht«, sagte ich zu Pauline. »Wer springt, braucht eine Mindestsicherheit – und wenn sie nur im Kopf stattfindet.«

»Du glaubst gar nicht, wie viel Entscheidendes im Leben hauptsächlich im Kopf stattfindet. Darum solltest du dir vor jedem Projekt die Risiken und deren Auswirkung genau überlegen. Das sollte für dich ein wichtiger Part bei deiner Zieldefinition und der Wunschanalyse sein. Warum? Weil du dann einfach auf das Risiko vorbereitet bist und beim Eintreffen schnell Lösungen parat hast. Du kannst dann schnell handeln und somit die Folgen des Risikos minimieren.

Gerade zu Beginn eines Projekts scheinen Risiken und die Möglichkeiten, zu scheitern, am größten zu sein. Aber wenn man sich näher damit beschäftigt, kommt man oft darauf, dass beides eigentlich gering ist. Es liegt an unserem Zugang, dass vieles negativ behaftet erscheint. Wir tragen alle unseren gesellschaftlichen Rucksack mit uns herum. Und der ist leider sehr üppig mit diversen Ängsten bestückt. Andererseits kannst du auch niemals zu 100 Prozent sicher sein. Das gibt es nicht. Wir leben in einer Leistungsgesellschaft, in der Menschen an ihren Erfolgen gemessen und für ihre Niederlagen verurteilt werden. In kaum einem anderen Land der Welt werden Misserfolge so sehr geächtet wie hier. Und es ist kein Ende in Sicht.«

»Wie meinst du das?«

»Die Psychiaterin Déirdre Mahkorn beobachtet seit Beginn der Wirtschaftskrise eine ständig sinkende Fehlertoleranz in der Gesellschaft. Ihre Erkenntnis: ›Im Moment herrscht ein wirtschaftliches Klima, in dem hohe Leistungen, gute Noten und die alten Tugenden – wie Disziplin – extrem wichtig sind, um nicht zu scheitern.‹ Jetzt kannst du dir vorstellen, wie hoch momentan der Anspruch an die eigene Leistung in der jungen Generation ist. In die psychiatrische Akutstation der Bonner Uniklinik, die Oberärztin Mahkorn leitet, kommen immer häufiger schon junge Leute, die sich als gescheitert betrachten.«

Ich dachte kurz darüber nach, was es bedeutete, dass man sich nach einem Scheitern selbst in eine Klinik einwies.

Aber Pauline gab mir keine Gelegenheit, um gedanklich abzuschweifen.

»Also, was unterscheidet Stehaufmännchen von Menschen, die sich als gescheitert betrachten? Stehaufmännchen machen sich keine Gedanken über das Scheitern, sondern darüber, was sie daraus gelernt haben. Sie beschäftigen sich mit dem nächsten Tag und mit der nächsten Aufgabe und arbeiten weiter hart an ihren Zielen. Würde Damian Izdebski wieder Unternehmer sein, wenn er noch heute über sein Scheitern nachgrübeln würde? Wohl kaum. Er hat die unfreiwillige Auszeit genützt, um Zeit mit sich selbst zu verbringen, Neues zu lernen und dadurch voranzukommen. Sein Motto war zu einem bestimmten Zeitpunkt sicherlich: ›Wie, weiß ich noch nicht, aber ich stehe auf!‹ Und ich finde diesen Zugang wirklich wichtig, um seine Wünsche und das Brennen am Leben zu erhalten – auch wenn es einmal nicht nach Wunsch verlaufen ist.«

»Danke dir. Ich habe das jetzt verstanden. Sich zu lange mit den Fehlern zu beschäftigen, dient mir nicht. Und auch Selbstverurteilung und Selbstgeißelung sind kontraproduktiv.«

Ich musste nur ins Tun kommen und dabei natürlich realistische Szenarien des Scheiterns durchdenken, um für den Fall der Fälle gut vorbereitet zu sein. Genauso musste ich mich positiv mit meinen Wünschen auseinandersetzen, um diese in Reichweite zu halten. Nur darüber nachzudenken, was schieflaufen könnte, und keinen Gedanken daran zu verschwenden, was passiert, wenn ich am Ziel meiner Wünsche bin, wäre ein dummer Fehler. So war jeder seines Glückes Schmied.

»Wie geht es dir eigentlich mit der ganzen Veränderung?«, fragte mich Pauline unvermittelt. »Merkst du schon etwas an dir? Fällt es dir leicht, dich Stück für Stück zu verändern und eine neue Richtung einzuschlagen?«

Ich dachte nach. Eigentlich ging es mir gut damit. »Warum fragst du?«

Ich zeige Mut zur Veränderung

»Viele Menschen trauern jemandem oder etwas nach, obwohl es schon lange und unwiderruflich zurückliegt: einer Beziehung, einem Job, Freunden oder Menschen, die gestorben sind«, meinte Pauline. »Warum tun wir das eigentlich? Vorbei ist vorbei. Tot ist tot.«

»Das ist aber eine harte Aussage«, rutschte es mir heraus.

Pauline lächelt mich an. »Im Grunde genommen ist das aber Zeitverschwendung, oder? Du weißt, ich provoziere gerne. Ich finde es gut, wenn wir eine Zeit lang trauern. Mir gefällt auch der Trauerkalender der Bauern. Da gibt es das Trauerjahr, in dem die Witwen in Schwarz gekleidet sind. Wie man weiß, benötigt der Mensch ungefähr ein Jahr, um loslassen zu können. In diesem Jahr ist es wichtig, Zeit für sich zu haben, um einen derartigen Schicksalsschlag erfolgreich zu überwinden. Diese Phase braucht das innere System, um die gewaltige Veränderung zu verdauen. Ich bin der Meinung, dass man nicht nur nach dem Tod geliebter Menschen trauern sollte, sondern nach allen gravierenden Lebenseinschnitten, Scheidung, Konkurs oder eben Scheitern.«

»Warum ist das notwendig?«, unterbrach ich Pauline. Irgendwie erschien mir dieser Gedanke auf den ersten Blick absurd.

»Nun, wir durchlaufen bei allen Veränderungen einen Zyklus, der immer gleich ist. Er nimmt aber bei allen Menschen einen unterschiedlichen Zeitraum in Anspruch. Nehmen wir als Beispiel einen Todesfall her. Welche Phase durchlaufen wir zuerst?«

»Trauer?«

»Nein, zunächst bist du in einer Schockphase. Du willst die Situation nicht wahrhaben. Dann kommt die Wut, wo du einfach nur verärgert über die Situation bist. Danach folgt Einsicht und Akzeptanz. Erst in dieser Phase kannst du wirklich trauern und weinen. Danach probierst du die neue Situation aus, indem du feststellst, dass das Leben auch ohne diesen Menschen weitergeht. Du hast neue Erkenntnisse und integrierst die Situation in dein Leben. Diese Phasen laufen bei allen Veränderungen gleich ab. Lässt du eine Phase aus, kommt sie irgendwann wieder, behaupten Change-Experten. Das ist auch meine Erfahrung.«

»Wie lange dauert so ein Durchlauf?«

»Das hängt klarerweise sehr stark von der Intensität des Einschnitts ab. Es kann in einer Woche vorbei sein oder mehrere Jahre dauern. Jeder geht damit anders um.«

Ich wurde sehr ruhig und nachdenklich. Pauline beobachtete mich, sagte aber nichts.

»Weißt du, warum ich vorhin so stark auf deine provokante Aussage reagiert habe? Vor mehr als zehn Jahren habe ich einen wichtigen Menschen verloren. Es war schlimm, weil zuletzt der Krebs seinen ganzen Körper befallen hatte. Ich war bis zum Ende bei ihm. Dieser Mensch war immer für mich da, und ich wollte ihm das zurückgeben. Es war hart, aber wichtig für mich, zu sehen, was in der Übergangsphase vom Leben zum Tod passiert.

Nie zuvor und nie danach war ich so einer Extremsituation ausgesetzt gewesen. Als mir zum ersten Mal bewusst wurde, dass dieser Mensch nicht mehr lange leben wird, fiel ich in ein tiefes Loch. Und doch war es ein Geschenk für mich, ihn bis zu seinem letzten Atemzug begleitet zu haben. Es klingt seltsam, aber er hat mir dadurch die Augen für das Leben geöffnet. Mir wurde bewusst, dass wir nur ein Leben, nur eine Chance haben.«

Pauline wirkte nachdenklich. »Irgendwie hast du diese Erkenntnis aber in den letzten Jahren verloren. Ich finde das schade. Aber du bist auf einem guten Weg, wieder mehr auf deine Wünsche zu achten. Erzähl weiter: Was passierte in deinem Trauerjahr?«

Das war wieder eine Aussage, die mich traf und mit der ich nicht gerechnet hatte. Aber, sie hatte recht. Ich hatte dieses Bewusstsein für die Einzigartigkeit des Lebens wieder verloren. »Nach dem Tod war ich kurz im Schockzustand. Bei mir dauerte das nicht lange, bei anderen Angehörigen hingegen unglaublich lang. Danach verneinte ich die Situation. Mir war, als könnte ich diesen Menschen weiterhin jederzeit anrufen und ihm meine Neuigkeiten erzählen. Ich war auch wütend, dass gerade er gehen musste. Mein inneres System wollte die Situation nicht annehmen. Ich kam erst zwei Monate nach dem Tod ins Tal der Tränen. Ich habe unglaublich viel geweint und mich komplett zurückgezogen. Es war eigentlich die schlimmste Zeit, aber auch die befreiendste. Die Tränen flossen, und mir wurde erst jetzt bewusst, welchen Verlust ich erlitten hatte. Immer wieder zog unsere gemeinsame Zeit an meinem geistigen Auge vorbei, und ich schien gleichzeitig zu lachen und zu weinen, wenn ich an seinen krebszerfressenen Körper dachte. Es war die Zeit der Befreiung von diesen furchtbaren Bildern.

Danach folgte die Zeit der Akzeptanz und der Annahme, in der ich mich endlich mit der Situation neu auseinandersetzen konnte. Veranstaltungen und Feiern ohne diesen Menschen zu erleben, war zuerst ein ungewohntes und irgendwann ein gutes Gefühl. Danach folgte die Integration der neuen Situation in mein Leben. Es gab jemanden, den ich geliebt hatte und der lange da war. Jetzt war er weg und trotzdem irgendwie da. Er begleitete mich in diesem ersten

Jahr nach seinem Tod sehr intensiv. Selbst jetzt ist er immer noch da, aber nicht mehr so präsent.

Nach ungefähr neun Monaten merkte ich, wie es mir allmählich besser ging. Ich hatte damals sehr viel Zeit mit mir und meiner Veränderung verbracht. Und das Verarbeiten dieses Todes hat mir geholfen, weitere Todesfälle in den Jahren danach besser zu überwinden und generell Veränderungen besser anzunehmen.«

Das erste Mal blickte Pauline sehr überrascht und ihr fehlten sichtlich die Worte. Später erzählte sie mir, dass sie in diesem Moment einen neuen Teil von mir erkannt hatte, dem es nicht nur um den Job ging, sondern der Menschlichkeit und Verletzlichkeit erkennen ließ, und überrascht war, was alles zum Vorschein kam. Mir ging es beim Erzählen ähnlich. Ich hörte mir selbst zu und war erstaunt, was ich alles in mir vergraben hatte und was nun ans Licht kam.

Die aufgefrischten Erinnerungen an damals und die Erlebnisse und Erfahrungen der letzten Monate ließen eine Erkenntnis in mir reifen: Ich wollte das Leben nicht länger an mir vorbeiziehen lassen. Ich hatte damals bereits einiges in meinem Leben geändert, weil ich einfach nicht mehr glücklich war. Ich habe mich von Freunden getrennt, die nur Energie gekostet haben, habe meine Studienrichtung überdacht und bin für eine gewisse Zeit ins Ausland gegangen, um mir neue Wege in meinem Studium anzusehen. Das Ausland erweiterte auch meinen Horizont, und ich kam aufgeklärter über mich selbst zurück. Und nun war es, als würde ich all diese Stufen der Veränderung noch einmal durchmachen. Gerade mein neuer Tagesablauf verursachte einige innere Blockaden. Aber auch das Vorhaben, meinen neuen Job zu kriegen, führte zu den jeweiligen Gefühlen. Die Trennung von meiner Freundin (obwohl ich es losgetreten hatte) war ein ähnlicher Schritt wie bei einem Todesfall.

»Warum vergessen wir darauf, auf uns zu schauen, Veränderung anzunehmen und sie auch bewusst zu starten, wenn es uns nicht mehr gut geht? Warum muss immer etwas Gravierendes passieren?«, fragte ich Pauline.

»Auch hier läuft es auf Angst hinaus. Wir haben Angst, hinzuschauen, und Angst davor, unsere Komfortzone verlassen zu müssen. Kein Mensch wünscht sich Konkurs, Trennung oder neue Arbeitskollegen oder einen neuen Boss, wenn das Alte ja doch so vertraut war. Niemand wünscht sich Veränderung um jeden Preis. Aber manchmal spielt das Leben dabei eben nicht mit. Leben ist Veränderung. Ohne diese Veränderungen oder Einschnitte könnten wir nicht wachsen und uns nicht weiterentwickeln.

Daher ist es auch so wichtig, dass wir wirklich darüber nachdenken, was wir vom Leben möchten. Denn, wenn wir Veränderung wünschen, diese aber nicht annehmen können oder wollen, geht es immer wieder zurück zum Start. Phasen der Veränderung, die wir nicht integrieren, kommen zu einem späteren Zeitpunkt wieder.

Schon damals hast du aufgrund des einschneidenden Erlebnisses erkannt, dass du etwas verändern willst. Du hast es eine Zeit lang durchgehalten, aber irgendwann bist du schleichend in deine Komfortzone zurückgekehrt. Und irgendwann hast du dich damit arrangiert. Erst wenn wieder ein starker Schnitt von außen gekommen wäre, wärst du eventuell bereit gewesen, dein Leben zu überdenken.

Davor ist nur gefeit, wer regelmäßig über seine Wünsche nachdenkt. Nur so lebst du das Leben, das du dir wünschst, und nicht das Leben, das andere für dich im Sinn haben. Mir ist bewusst, dass ich mich wiederhole, aber ich will dir nur noch einmal zeigen, dass Veränderung bedeutet, sich mit sich selbst auseinanderzusetzen und ehrlich zu sich selbst zu sein.«

Ja, das gelang ihr gerade gut. Ich hörte weiter zu.

»Du hast in den letzten Monaten viele Geschichten aus meinen Interviews gehört. Alle meine Gesprächspartner haben große Veränderungen erlebt und sind daran gewachsen. Sie haben die Veränderung gesucht, oder sie ist ihnen passiert. Sie haben sie genutzt, statt daran zugrunde zu gehen. Erfolgreiche Menschen lernen, Veränderung zu integrieren und aufzustehen.

Veränderungen werden von viele Menschen gemieden, weil sie sich sicher fühlen wollen. Aber, Sicherheit gibt es nicht – zumindest nicht so, wie sich das die meisten Menschen vorstellen. Wenn du einen Job nach 18 Jahren verlierst, weil du deine Leistung nicht mehr bringen kannst, erkennst du die Illusion, die du dir bis dahin über Sicherheit gemacht hast.«

Ich war immer noch ganz benommen von diesem Gespräch. Außerdem war ich betroffen, weil mir bewusst wurde, wie wenig ich durch den Tod des mir nahestehenden Menschen damals gelernt hatte. Kurzfristig hatte ich mich entwickelt – aber es war nicht von Dauer gewesen.

Ich wollte nach Hause und mich verkriechen. Ich sehnte mich nach Ruhe. Plötzlich war mir alles zu viel, zu schnell und zu intensiv.

Pauline und ich verabschiedeten uns voneinander. Sie war der Meinung, dass wir uns zumindest einen Monat lang nicht sehen sollten. Schließlich hatte ich jetzt einiges zu verarbeiten und wusste, was nun zu tun war.

»Noch mehr reden würde dich jetzt nicht weiterbringen.«

Ich stimmte ihr zu und war bereit, eine längere Pause einzulegen. Es war nun wirklich an der Zeit, die letzten Schritte meines Weges bezüglich meines Jobs zu gehen, die Dinge zu verändern und nicht mehr nur darüber zu reden. Und es war Zeit, meine Säulen des Lebens zu stabilisieren und mich dabei ganz auf meine Wünsche zu konzentrieren.

Es war Zeit für eine Pause. Wir umarmten uns und ich merkte, wie nahe mir Pauline gekommen war und wie wichtig sie für mich geworden war.

Ich bleibe am Boden

Drei Wochen waren seit dem Treffen mit Pauline vergangen, und ich hatte meine To-do-Liste zum Großteil abgearbeitet. Schritt für Schritt bewegte ich mich auf meine Wünsche zu.

Ein besonders wichtiger Schritt war das Gespräch mit dem besagten Vorstandsvorsitzenden, da ja mein Boss von meiner Idee sicher nicht begeistert war. Ich hatte in unserem Unternehmen schon lange ein Defizit erkannt, das ich aber immer für mich behalten hatte. Ich wollte nicht anecken und ich wollte die verantwortlichen Kollegen nicht in ein schlechtes Licht rücken. Beseelt von meinem neuen Spirit hatte ich in den letzten Wochen intensiv überlegt, welche Lösungen es dafür geben könnte. Die Stabsstelle New Business war mein großes Ziel. Ich brachte meine Ideen zu Papier und erkannte recht schnell, dass sich die Lösung mit meiner gewünschten Positionsveränderung innerhalb der Firma überschnitt. »Zufall, oder?«, hörte ich Pauline in meinem Kopf sagen.

Ich nahm mir ein Herz und sprach mit dem Vorstandsvorsitzenden (bei dem ich ja schon vorgefühlt hatte) über diese spezielle Situation und auch über meinen Wunsch, innerhalb der Firma diese neue Position zu übernehmen, was mir mehr Spaß und somit Energie und dem Unternehmen einen großen Nutzen bringen würde. Ich erläuterte ihm meine Idee und meine Pläne. Natürlich war mir klar, dass dieser neue Weg Risiken in sich barg und dass der Vorstandsvorsitzende gründlich darüber nachdenken würde. Das tat er auch. Aber schon wenige Tage später erhielt ich eine positive Antwort von ihm, wir hatten mehrere Gespräche und wir bauten die

Idee weiter aus. Mein Boss war darüber nicht sehr begeistert, wollte die neue Situation noch etwas manipulieren und schaltete dazu einige seiner Kontakte ein. Doch ich war auf gutem Weg. Mein Boss war zuerst über meine Initiative irritiert und würde sicher noch ein wenig brauchen, um über die Auswirkungen hinwegzukommen. Der Vorstandsvorsitzende hatte zwar das Risiko meines Vorschlags erkannt, aber auch das Potenzial gesehen. Er übermittelte mir nach den ersten Terminen eine Nachricht: »No risk, no fun. Wir vertrauen Ihnen.«

Die Reaktionen des Umfelds im Büro ließen nicht lange auf sich warten. Wie erwartet gab es Neid von manchen Kollegen – dafür brachten mir andere große Achtung entgegen. Ein Kollege gratulierte mir wortwörtlich zu meinem Mut, »meine Komfortzone verlassen zu haben«, und ich musste unweigerlich an Pauline denken. Das hätte ihr gefallen.

Dabei fand ich mein Handeln mittlerweile gar nicht mehr sonderlich mutig. Aber schließlich hatte ich mich ja wochenlang damit auseinandergesetzt und ein klares Zukunftsbild in meinem Kopf entwickelt. Ich hatte eine genaue Vorstellung davon, wie ich meine Veränderung starten und umsetzen würde, bevor ich sie in die Tat umsetzte. Wunsch, Ziel, Einflüsse, Geschichte aus der Zukunft und der Plan. Pauline hatte recht gehabt. Dadurch ging alles fast wie von selbst.

Mit jedem Wunsch, den ich konkret in Angriff nahm, passierte mir Ähnliches. Egal, ob Marathon oder Golfen – ich erreichte Schritt für Schritt mein Ziel. Fast schon mit einer Selbstverständlichkeit, die mich ein wenig dazu verleitete, abzuheben. Ich hatte direkt Angst, meine neu gewonnene Bodenhaftung wieder zu verlieren.

Pauline war mir in dieser Zeit seltsamerweise nicht abgegangen. Durch die intensiven Gespräche hatte ich das Gefühl, dass sie immer bei mir war. Seit unserem ersten Treffen waren rund sieben Monate vergangen. Mir kam das gleichzeitig zu kurz und zu lange vor. Was in diesem halben Jahr alles in mir passiert war, war unglaublich und ganz schön unheimlich. Ich blickte auf mein altes Ich zurück wie auf ein anderes Leben. Ich hatte mich verändert – in einem Maß, das ich nie für möglich gehalten hätte. Mein Tag war voll mit meinen neuen Interessen und mit Gesprächen mit Freunden. Das Tagesritual war mir in Fleisch und Blut übergegangen. Ich arbeitete daran, den Job zu übernehmen, und bereitete dafür eine größere Präsentation vor. Ab und zu gönnte ich mir einen Fernsehabend, aber das war eher die Ausnahme. Da sortierte ich lieber die Fotos meiner Reisen, machte daraus ein Erinnerungsalbum und überlegte mir neue Orte, die ich besuchen wollte.

Es war mir ein Bedürfnis, mit Pauline über Demut und Respekt zu reden. Das Risiko, aufgrund meiner neuen Leichtigkeit abzuheben, beschäftigte mich. Ich stellte mir die Frage, ob auch die Demut ein wichtiger Erfolgsfaktor auf dem Weg zur Wunscherfüllung ist. »Demut« war aktuell ein Begriff, der oft gebraucht wurde – allerdings in zweifelhaftem Zusammenhang: Alexander Dibelius, Deutschlandchef und mächtiger Manager der Investmentbank Goldman Sachs, hatte seine Branche zu »kollektiver Demut« aufgerufen. Und Medienmogul Rupert Murdoch sagte, als er vor dem britischen Unterhaus zu den menschenverachtenden Abhörmethoden seiner »News of the World« Stellung nehmen musste, es handle sich für ihn um einen »Tag größter Demut«. Auch der gestolperte deutsche Minister Karl-Theodor zu Guttenberg entschuldigte sich nach der Plagiatsaffäre »in Demut« und der damalige FDP-Generalsekretär Christian Lindner empfahl seiner Partei nach der Berlin-Wahl, das Ergebnis »in Demut aufzunehmen«.

Es gab so viele Beispiele, warum diese Art von Demut nicht mein Weg war. Ich legte dieses Wort und diese Energie offensichtlich völlig anders aus. Wenn ich Investmentbanker über Demut sprechen hörte, war das für mich ein Widerspruch an sich. Manager und Politiker bedienten sich des Schlagwortes, als würde der Begriff »Demut« ausreichen, um die Scheinwerfer zu dimmen, die auf sie und ihre Misere gerichtet waren.

Ich wollte mir treu bleiben und respektvoll mit meiner Umgebung und dem Erreichten umgehen. Das Privileg, das Leben nach meiner Vorstellung leben zu können, war nicht selbstverständlich. Natürlich hatte ich hart dafür gearbeitet, aber es war mir wichtig, nicht abzuheben. Das war ich mir und meinem Entwicklungsprozess schuldig.

Ich dachte an Pauline und ihre Erfahrungen aus den Interviews. Auch bei einigen der interviewten Personen spielte die Demut eine Rolle. Mag. Ali Rahimi hatte Erfolg untrennbar mit Demut verknüpft. Ich erinnerte mich an eine Passage aus dem Interview, die mir Pauline vorgelesen hatte: »Nichts ist selbstverständlich und alles kann schnell wieder weg sein. Respektvoll mit dem Leben und mit dem, was man erreicht hat, umzugehen, ist ein bewährter Weg, die Bodenhaftung nicht zu verlieren. Wir haben nicht die Pflicht zur Demut, wie sie ein Knecht zum Herrn zu zeigen hat, sondern die dankbare Verpflichtung zur Demut gegenüber unserem Erfolg.«

Auch der Respekt gegenüber dem Erreichten spielte in Paulines Geschichten immer eine große Rolle. Diese Form der Wertschätzung, Aufmerksamkeit und Ehrerbietung anderen gegenüber kam vielen Menschen abhanden, wenn sie es bis nach ganz oben geschafft hatten. Für mich waren auch die sich häufenden Korruptionsfälle ein Mangel an Respekt gegenüber der eigenen Position und der damit verbundenen Macht. Nicht alle Erfolgreichen stolperten über diesen Mangel an Respekt dem Leben gegenüber – aber es waren viele.

Der Klingelton meines Handys riss mich aus meinen Gedanken. Ich war nicht einmal sonderlich überrascht, dass es Pauline war. Wie immer rief sie im richtigen Moment an. Irgendwie wie verhext. Als würde sie merken, wenn ich ihre

Hilfe benötigte. Wir verabredeten uns zu einem sonntäglichen Mittagessen und einem anschließenden Spaziergang. Ich freute mich auf sie und über unsere Verbindung.

Bis zum Treffen vergingen noch einige Tage, an denen ich überraschenderweise ziemlich mit mir zu kämpfen hatte. Die Themen Demut und Respekt waren so präsent in meinem Denken, dass ich unbewusst meine Umgebung danach scannte und hochsensibel auf alles reagierte, das mir auffiel. Am Freitag hätte ich beinahe einen Kollegen verbal angegriffen, der sich in meinen Augen völlig unkorrekt verhalten hatte. Das Gespräch mit Pauline war dringend notwendig.

Pauline war schon darauf vorbereitet, was mir auf der Seele brannte. »Mit dem Erfolg kommt automatisch die Auseinandersetzung damit, wie man damit umgeht. Auch davon haben meine Interviewpartner alle berichtet. Dr. Georg Kraft-Kinz, Generaldirektor-Stellvertreter der Raiffeisenlandesbank NÖ-Wien, hat das in einem schönen Satz zusammengefasst: ›Mir ist bewusst, dass ich durch meine Position viele Menschen an meiner Seite habe, die ich ohne meine Position nicht dort hätte.‹ Diese Weisheit und Ehrfurcht gegenüber der eigenen Position geht leider vielen mit fortdauerndem Höhenflug verloren. Sie verwechseln dann die Position mit ihrer Person.

Wenn die Menschen im Fokus behalten, wer sie sind und was ihnen im Leben wichtig ist, geht diese Ehrfurcht nicht verloren. Und, mehr noch: Ehrfurcht dem eigenen Erfolg gegenüber führt automatisch dazu, dass ihnen von anderen hohe Wertschätzung entgegengebracht wird.

Rückblickend gesehen, gab es keinen Interviewpartner, der dieses Thema nicht erwähnt hätte. Zu wissen, wohin man gehört und wo man zu Hause ist, scheint ein wichtiger Erfolgsfaktor zu sein.«

Das deckte sich auch mit meinen Gedanken. Aber Pauline war schon mitten in einer neuen Geschichte.

»Vor einigen Wochen bin ich einem Prominenten bei einer Diskontkette begegnet. Er war nicht auf den ersten Blick zu erkennen, aber nach und nach fiel er einigen Kunden auf. Ich fragte mich sofort: Warum kauft der mit seinem Wahnsinnseinkommen beim Diskonter? Mir fiel ein, dass er vor Kurzem in den Schlagzeilen war, weil er mit Drogen in Berührung gekommen war. Dennoch stand er am Zenit seiner Karriere und hatte es sicherlich nicht nötig, jeden Cent dreimal umzudrehen. Offensichtlich hatte er seine Bodenhaftung nicht verloren. Das verblüffte und beeindruckte mich gleichermaßen.«

Ich musste schmunzeln. Ich wusste: Wenn Pauline keine Namen nannte, sollte ich nicht nachfragen. Diskretion war ihr in manchen Dingen sehr wichtig, aber ich verstand, warum sie mir diese Geschichte erzählte. Sie hatte die Verblüffung genossen.

Entweder war es eine Charakterfrage oder das Ergebnis von Erlebnissen, wenn man die Bodenhaftung nicht verlor, kam mir in den Sinn. Andere mussten offensichtlich erst tief fallen, um den Boden wieder zu spüren. Das war ein Impuls, der mir weiterhalf und mir aufzeigte, auf was ich achten sollte. Sei dankbar für das, was du hast, und nimm es nicht als selbstverständlich. Aber schon war Pauline am nächsten Schauplatz. Das Tempo unserer Gespräche hatte sich verändert. Es gab kaum mehr Pausen.

»Ich habe als Kind die Ferien immer bei meiner Großmutter auf dem Bauernhof verbracht. Dort habe ich gelernt, was es bedeutet, mit wenig auszukommen. Es war wirklich eine schöne Zeit. Wir hatten kein Badezimmer und keine Toilette. Eine Keramikschüssel und ein Plumpsklo waren mein Badezimmerersatz für mehrere Wochen im Jahr. Es war ein herrlicher Ausgleich zu meinem Stadtleben und gab mir das Fundament für mein heutiges Leben.

Ich vergesse nie, woher ich komme und was ich erlebt habe. Dadurch wird mir mein Erfolg wieder neu bewusst.

Die Frage, ob mich das Erreichte an mein Ziel bringt, wird mir im Laufe der Jahre zunehmend wichtiger. Wenn meine Wunscherfüllung näher rückt, kann ich mich noch immer freuen, es genießen und die Bodenhaftung behalten.«

Unglaublich, wie sich unser Zugang zueinander verändert hatte. Ich hatte das Gefühl, dass ich mit Pauline mittlerweile auf Augenhöhe agierte. Ich war nicht länger der Zauberlehrling, der zu all ihrer verinnerlichten Lebenserfahrung aufblickte. Es fühlte sich an, als ob ich in den letzten Monaten zu ihrer Verständnisebene emporgewachsen war. Ein sehr erhabenes und zufriedenes Gefühl stellte sich bei mir ein – und es machte Spaß, mich auf einer Ebene mit Pauline auszutauschen. Von Wissender zu Wissendem quasi.

»Es geht also darum, das loszulassen, was man erreicht hat, im Hier und Jetzt zu leben und das zu genießen, was man hat. Ständig vorwärtszujapsen und immer mehr erreichen zu wollen, macht das Genießen des Augenblicks unmöglich. Es geht um Augenblicke, nicht um Seitenblicke.«

Pauline nickte. »Stimmt. Außer, es ist dein unstillbarer Wunsch, ein Adabei zu sein. Respekt vor der eigenen Person und dem Erreichten ist aus meiner Sicht ein wichtiger und nachhaltiger Erfolgsfaktor. Man muss es nur für sich selbst machen und nicht anderen unter die Nase reiben, was man alles erreicht hat. Denn nur dann nimmt man sich selbst nicht so wichtig.«

»Und wenn man das nicht beherzigt, kann der Fall sehr schmerzhaft sein, weil man was vermittelt hat, was ja auch irgendwann einmal anders sein kann. Mehr sein zu wollen und es nicht zu sein ist ein tiefer Fall«, ergänzte ich.

»Jeder Mensch macht Fehler. Wie gesagt, ich habe großen Respekt vor allen Menschen, die aufstehen und weitergehen. Ing. Mag. (FH) Sabine Weber-Treiber zum Beispiel hat durch ihre Lähmung gelernt, respektvoll mit dem Leben umzugehen, und schätzt umso mehr, das zu haben, was sie jetzt hat – Erfolg hin oder her.«

Plötzlich sah sich Pauline nach dem Kellner um und winkte ihn an unseren Tisch.

»Bringen Sie uns bitte Ihren besten Champagner!«

Ich wurde rot und war verwirrt. Hatte ich ihren Geburtstag vergessen? Ich wusste das Datum nicht einmal. So nahe ich mich Pauline mittlerweile bei unseren Gesprächen fühlte, so fremd war sie mir noch immer in anderer Hinsicht geblieben. Ich wusste so gut wie nichts über ihr Privatleben, und es war mir eigentlich auch egal. Unsere Gespräche spielten sich auf einer ganz anderen Ebene ab. Small Talk war ohnehin nicht meins. Ich glaube, da tickten wir beide gleich.

Der Kellner stellte den Eiskübel mit der Champagnerflasche auf den Tisch.

»Bester Champagner? Gibt es einen Anlass? Ich hoffe, ich habe nichts verpasst, Pauline.«

»Nein, mein Lieber. Wir feiern deinen Fortschritt, deine Entwicklung und deine Veränderung. Denn das ist eine wichtige Lektion: Nach dem Bewältigen einer anspruchsvollen Etappe darf gefeiert werden.«

»... um im Hier und Jetzt zu sein und das zu genießen, was einem gerade passiert«, ergänzte ich lächelnd.

»Genau.« Auch Pauline strahlte über das ganze Gesicht. »Wir feiern jetzt deine Wünsche, die du wieder klar siehst und lebst, und wir feiern dich. Du bist ein großartiger Mensch, der gemerkt hat, dass es nie zu spät ist, das Leben zu genießen und gesund und glücklich zu bleiben. Ich bin stolz auf dich, dass du deinen Weg gegangen bist und dass du mutig genug warst, wirklich hinzuschauen – auch wenn es zeitweise schmerzvoll war. Und wir feiern, wohin dich das alles gebracht hat!«

Wir erhoben die Gläser und nahmen einen großen Schluck. »Ich danke dir, Pauline.« Mit diesen vier Worten war für mich alles gesagt und alles auf den Punkt gebracht.

»Jetzt bist du bereit für deine letzte Lektion.«

Ich grinste. Es ging also noch weiter.

Ich gehe meinen Weg

Pauline zwinkerte mir zu. Und plötzlich war mir alles klar: »Moment, jetzt verstehe ich. Das hier war ein Programm. Alles war geplant!«

»Nun, nicht alles. Aber, wie du weißt, gibt es im Leben keine Zufälle.«

»Aber unsere gemeinsame Arbeit. Du warst wie ein Personal Trainer für meine Wunscherfüllung. Ich habe neue Menschen um mich, mein Tag ist mit spannenden neuen und alten Interessen wie Golf, Schreiben, Training gefüllt, mein Jobwunsch ist zum Greifen nahe. Gleichzeitig habe ich das Gefühl, dass ich viel über mich nachgedacht habe, dass ich nicht mehr nur ein Schauspieler in dem Stück ›Mein Leben‹ bin, sondern dass ich das Drehbuch selbst schreibe und selbst Regie führe. Egal, welcher Wunsch noch kommen mag: Ich lebe mein Leben und verstelle mich nicht mehr, um jemandem gerecht zu werden oder um wo dazuzugehören. Ich bin ich wie das kleine ›Ich bin ich‹ in dem Kinderbuch.«

Pauline lachte und war anscheinend erleichtert darüber, dass mir das erst jetzt so klar und bewusst geworden war. »Ja, das ist ein netter Vergleich. Du warst auf jeden Fall großartig, mein Lieber. Und ja, es war eine Art Programm.«

»Aber, wie …?«

»Vor vielen Jahren war ich die Schülerin, und ein für mich wichtiger Mensch hat mit mir den gleichen Weg durchlaufen. Ich habe mich damals entwickelt und verändert – so, wie du dich jetzt entwickelt und verändert hast. Ich bin damals die gleichen Fragen und Bereiche durchlaufen wie du in den letzten Monaten. All das, was er mir damals mitgegeben hat, habe ich nun dir mitgegeben. Also, ich habe es versucht – erfolgreich, wie ich glaube.«

Eine tiefe Demut erfüllte mich. Ich fühlte mich an jene Filme erinnert, in denen ein Meister einen unerfahrenen Lehrling unter seine Fittiche nimmt, der ihm dann am Ende des Films ebenbürtig ist. Ich hatte diese Filme begeistert verschlungen – auch wenn ab der ersten Minute an klar war, wie sie enden würden. Allerdings hätte ich nie gedacht, dass ich mich selbst einmal in so einer Situation wiederfinden würde.

Pauline sprach weiter: »Deine letzte Lektion von mir ist: *Bleibe neugierig und teile dein Wissen und deine Erfahrung. Du hast deinen eigenen Weg gefunden – nun kannst du etwas weitergeben.* Erst indem du andere förderst und erlebst, wie sie ihren Wünschen näher kommen und diese erreichen, trägt deine eigene Entwicklung Früchte. Ich vertraue darauf, dass du jene Menschen findest, die dein Wissen brauchen können und die mit dir im Flow sind – so, wie wir beide es waren. Gleich und Gleich findet sich immer. Aber, vergiss nicht: Es liegt an dir, diese Menschen zu finden. Sie können dich nicht erkennen, weil sie noch nicht alles wissen, was du jetzt begriffen hast.«

Ich war erstaunt. »Das heißt, du hast mich damals gefunden?«

»Ja, das habe ich. Und ich bin glücklich darüber, dass du mir vertraut und mir die Möglichkeit gegeben hast, mein Wissen mit dir zu teilen. So durfte ich dein Wachsen aus der ersten Reihe fußfrei miterleben. Ich durfte ein Teil deines Weges sein. Danke!«

Ich hatte plötzlich einen Kloß im Hals. Zum einen war es tiefe Dankbarkeit, aber gleichzeitig spürte ich eine Riesenlast auf meinen Schultern. Ich würde das bei jemand anderem doch nie im Leben so gut hinbekommen wie Pauline – das nie so gut können wie Pauline bei mir. Mir fehlte doch jegliche Erfahrung.

Pauline las in mir wie in einem Buch: »Mach dir keinen Druck. Irgendwann steht jemand vor dir, der dich an eine frühere Version von dir erinnert. Dann weißt du sofort, dass du handeln darfst. Jemanden zu fördern, macht dich selbst stark und wird dein Leben bereichern. Du wirst an mich denken, wenn es soweit ist.«

»Nicht nur dann«, sagte ich und stand auf, um Pauline zu umarmen. Ich wollte so viel sagen, aber es waren in diesem Moment keine Worte notwendig. Pauline und ich legten alles, was uns auf dem Herzen lag, in diese Umarmung.

Wir blieben noch einige Stunden sitzen und ließen die Etappen unserer gemeinsamen Reise gemeinsam Revue passieren. Ich spürte eine Leichtigkeit in mir, die mich mit Glück, Liebe und Dankbarkeit erfüllte. Und das, was ich vor nur einem halben Jahr nicht für möglich gehalten hätte, war nun Realität: Ich war auf dem Weg. Auf meinem Weg. Und auf seinem eigenen Weg konnte man sich nicht mehr so schnell verirren.

Anhang

Interviewpartner/innen

Karl-Heinz Strauss
Nicole Wesner
Damian Izdebski
Doris Rose
Bettina Glatz-Kremsner
Hannah Lessing
Harald Neumann
Petra Huber
Georg Kraft-Kinz
Alexander Goebel
Sabine Weber-Treiber
Wolfgang Hesoun
Martina Schmied
Hans Peter Haselsteiner
Regina Prehofer
Ali Rahimi

Literaturhinweis:

Integrative Therapie: Klinische Theorie: das biopsychosoziale Modell – Hilarion G. Petzold
Sheep in human clothing – scientists reveal our flock mentality – http://www.leeds.ac.uk/
Animal Social Networks – Jens Krause, Richard James, Daniel Franks, Darren Croft
Der Erfolg ist in dir! – Dale Carnegie
Harte Schnitte – Neues Wachstum – Barbara Heitger, Alexander Doujak
Lust auf Strategie: Workbook zur systemischen Strategieentwicklung – Reinhart Nagel
Systemische Strategieentwicklung – Reinhart Nagel, Rudolf Wimmer
Das Dschungelbuch der Führung – Ruth Seliger
Gemeinsam sind wir blöd!? – Fritz Simon
Wenn Vergangenes nicht vergeht – Ronald A. Ruden
Die Macht Ihres Unterbewusstseins – Dr. Joseph Murphy
Bobos in Paradise – David Brooks
Wie wir uns erfinden – Heinz von Foerster, Ernst von Glasersfeld
Ganz im Gegenteil – Matthias Varga von Kibéd, Insa Sparrer
Formen der Familie – Heidi Rosenbaum
Auf der Suche nach dem verlorenen Glück – Jean Liedloff
Die Liebe ist das Kind der Freiheit – Michael Lukas Moeller
Lieben heißt die Angst verlieren – Gerald G. Jampolsky
Anleitung zum Unglücklichsein – Paul Watzlawick
Einführung in Systemtheorie und Konstruktivismus – Fritz Simon
Wie wirklich ist die Wirklichkeit – Paul Watzlawick
Die Durchschnittsfalle – Markus Hengstschläger
Meine besten Fehler – Damian Izdebski
Die Kraft des Scheiterns – Gerhard Scheucher, Christine Steindorfer

Danke

Ich danke meinem engsten Begleiter und Berater bei jedem meiner Bücher. Marco Seltenreich schafft es, meine eigenen Worte an der richtigen Stelle weich werden zu lassen und meinen Büchern einen Feinschliff zu geben, der unterschiedliche Ebenen in uns anspricht. Meine Legasthenie bügelt er glatt. Er erweitert meine Sichtweise der Dinge, und die Leserinnen und Leser bekommen dadurch noch mehr Kraft zu spüren, was mir wirklich wichtig ist, zu sagen.

Ich danke meinen Interviewpartnerinnen und Interviewpartnern, dass sie sich Zeit für mich und meine Fragen genommen haben. Zeit ist das größte Gut. Es waren wunderbare, aufschlussreiche und oft sehr offene Gespräche. Danke für die neuen Sichtweisen und Erkenntnisse.

Ich danke meinem Verlag, der offen ist für Themen und mir immer wieder neue Anregungen gibt, damit das Buch noch mehr am Markt angenommen wird.

Ich danke meinem Ehemann Christian, der mir Familienzeit freischaufelt, unglaubliches Verständnis hat für meine verrückten Wege. Ich danke ihm dafür, dass er mich so lässt, wie ich bin, und mich mit seinem Humor immer wieder zum Lachen bringt. Danke für deine Liebe.

Ich danke meiner Mama für ihre Liebe und ihre Unterstützung bei den »Kleinigkeiten« im Leben.

Ich danke meinen engsten Freundinnen und Wegbegleiterinnen, Daniela und Vera. Distanz und Nähe sind wichtig, um gemeinsam zu wachsen und voneinander zu lernen. Sie sind beide wie Schwestern und geben mir eine Familie, die ich so nie hatte.

Ich danke meinem Stiefvater, der an Krebs verstorben ist. Er hat mir vor vierzehn Jahren, kurz vor seinem letzten Atemzug, eine wichtige Frage gestellt, die alles in meinem Leben verändert hat.

Ich danke meinem leiblichen Vater, der vor sechs Jahren verstorben ist und der mir durch sein falsches Handeln aufgezeigt hat, wie wichtig es ist, ein guter Mensch zu sein. Auch aus Fehlern können Kinder lernen.

Ich danke meinen Kundinnen und Kunden, die mir die Idee zu diesem Buch gebracht haben. Sie liefern Beispiele und 100 Prozent Praxiserfahrung, die in das Buch einfließen.

Zusätzlich danke ich allen meinen Beraterinnen und Beratern, Coaches, Therapeutinnen und Therapeuten, Körperarbeiterinnen, Kolleginnen und Kollegen und Freundinnen und Freunden der letzten Jahre, die mir aufgezeigt haben, wie wichtig es ist, an sich selbst zu glauben und niemals aufzugeben, weil das Leben einfach zu wertvoll ist.

Danke Ihnen, liebe Leserinnen und Leser, für Ihr Vertrauen und Ihre Offenheit, dieses Buch zu lesen und vielleicht die eine oder andere Anregung auszuprobieren. Ich freue mich über Feedback von Ihnen. office@theredhouse.at